AF325605

CATÉCHISME

POLITIQUE,

OU

NOTIONS ÉLÉMENTAIRES,

EN FORME DE DIALOGUE,

SUR

LA SOUVERAINETÉ DU PEUPLE

ET SUR

LE SYSTÈME ELECTORAL;

PAR M. PITEL,

JUGE D'INSTRUCTION AU TRIBUNAL DE PREMIÈRE INSTANCE
DE SAINT-MALO.

PARIS,

CHEZ LES MARCHANDS DE NOUVEAUTÉS;

SAINT-MALO,

CHEZ L. VALAIS, Imprimeur du Roi, place de la Paroisse,
et H. ROTTIER, Libraire, rue Vieille-Beurrerie.
1821.

EPITRE
A SA GRANDEUR
MONSEIGNEUR H. DE SERRE,
GARDE DES SCEAUX,
MINISTRE DE LA JUSTICE,
CHEVALIER, COMMANDEUR DES ORDRES DU ROI.

MONSEIGNEUR,

L'accueil que Votre Grandeur a bien voulu faire à mon Catéchisme politique, ma pénétré d'une joie bien pure : non-seulement vous avez eu la bonté de me dire que vous reconnaissez parfaitement qu'il porte l'empreinte d'intentions louables, mais même vous avez paru disposé à m'accorder la faveur que je vous avais équivalemment demandée de le publier sous vos auspices. J'ose donc espérer, MONSEIGNEUR, que Votre Grandeur daignera en accepter la dédicace.

J'aurais tout lieu sans doute de me reprocher mon indiscrétion, si je n'envisageais que le peu de prix qu'un Opuscule de quelques pages peut avoir par lui-même; mais quand je considère

l'importance de son objet , qui n'est rien moins
que le fondement de la société , et sur-tout l'espèce d'éloge que vous avez donné aux motifs
qui l'ont dicté , cela m'encourage à penser que
vous verrez ma hardiesse avec des yeux d'indulgence.

Les novateurs, lorsque vous allez les com-
battre , ne peuvent manquer de dire , comme
Démosthène en voyant Phocion monter à la
tribune d'Athènes : Voici la hache de mes ha-
rangues. Ne devais-je pas offrir l'hommage de
ma réfutation du dogme anarchique , dont vous
avez tant de fois et si victorieusement repoussé
des conséquences plus ou moins éloignées , à
l'éloquent défenseur des droits du trône.

Je suis, avec un très-profond respect ,

MONSEIGNEUR ,

DE VOTRE GRANDEUR ,

Le très-humble et très-obéissant
serviteur, PITEL.

AVANT-PROPOS.

J'AI vu le *Contrat social* dans les mains
de tout le monde ; j'ai vu l'ouvrage de
Payne (1), si mal nommé le *Sens commun*, malheureusement trop répandu ; j'ai
vu le dogme absurde de la souveraineté
du peuple, repoussé, il est vrai, par la
raison publique, mais entretenant néan-

---

(1) Traduit par Lanthenas, et imprimé à
Rennes en 1793. Cet ouvrage est précédé de
la Théorie et Pratique des Droits de l'Homme.

moins une fermentation sourde, et affaiblissant, dans un grand nombre d'esprits, le respect pour l'autorité suprême, qu'il est de sa nature de présenter comme essentiellement responsable, et conséquemment précaire; j'ai vu les professeurs de cette doctrine sacrilége, faire de nouveaux efforts pour la propager; j'ai vu les deux coryphées de ce système anti-social, en dissidence sur son principal attribut, j'ai cru qu'il était bon de les mettre en scène, et que c'était ébranler leur doctrine que de montrer la divergence de leurs opinions sur ses premiers élémens; j'ai vu, au seul nom de royauté légitime, le dogme subversif écrit sur les lèvres d'un grand nombre de riches propriétaires : les imprudens ne se doutaient pas qu'en souriant ainsi à l'anarchie, ils portaient, eux-mêmes, la hache à la racine d'une opulence qui leur est si chère! Il m'a paru convenable de leur démontrer que de la souveraineté du peuple à la proscription d'une dynastie régnante, et à la démocratie la plus effrénée, il n'y a qu'une pente rapide, et delà à la ruine de toute

propriété qu'un pas extrêmement glis-
sant....... J'ai vu la loi des élections diviser
la France en deux partis et la tenir en
alarmes; je me suis convaincu qu'on ne
peut émettre son avis sur un point aussi
important qu'un système électoral, qu'en
commençant par professer la nécessité de
l'obéissance entière à la loi : chacun ne
peut manquer d'être convaincu qu'il est
sujet à l'erreur, et conséquemment, si l'on
ne s'appuie pas sur la loi qui est la raison
publique, la société est nécessairement un
sable mouvant. L'abbé Mably, qui a soutenu le paradoxe que chacun devait être
juge de la loi et de son exécution, en a du
moins excepté celle qui émane d'une assemblée délibérante, d'un pouvoir législatif régulièrement organisé (1).

----

(1) Comment ce publiciste n'a-t-il pas vu
que la plupart des questions en matière d'administration politique, étant susceptibles d'être
envisagées sous une foule de rapports différens,
et pouvant diviser les meilleurs esprits, c'était
jeter la société dans tous les désordres que d'as-
sujettir les lois en général à un pareil examen.

J'ai vu, hélas! le fanatisme politique le plus exalté, portant la bannière de la souveraineté du peuple, commettre le plus noir des attentats et méditer les forfaits les plus exécrables; je me suis dit à moi-même : Et moi aussi, je suis intéressé à l'ordre : eh! quel est le Français, quel est l'homme civilisé qui ne doit pas faire ses efforts pour repousser l'anarchie, le plus grand des maux! Ces réflexions m'ont fait naître l'idée de cet Opuscule.

DIALOGUE

SUR

LA SOUVERAINETÉ DU PEUPLE,

ET SUR LE SYSTÈME ÉLECTORAL.

« Il est plus aisé de conquérir que de régir. »
CONTRAT SOCIAL, liv. III, ch. 6.

« Ah ! c'est ici sur-tout que se montre le vide de
« vos théories. Vous nous présentez la souveraineté
« du peuple comme propre à conjurer le déluge
« de maux dont il a plu à Dieu d'inonder la terre,
« pour la punir de ses désordres, et si nous vou-
« lons asseoir cette pierre angulaire des gouverne-
« mens humains, nous parlons toute langue ; nous
« éprouvons plus que jamais que nous avons besoin
« du gouvernement de la Providence. »

GRANDPRÉ, propriétaire ; SEMESTRE, rentier ;
JUSTUS, fonctionnaire inamovible ; ROUSSEAU,
indépendant ; PAYNE, indépendant ; PRUDENT,
philosophe ; JACQUES LE SAGE, fendeur de bois.

SEMESTRE.

ON vient de régler pour la seconde fois la loi
des élections : je m'attendais à sortir de la classe
des simples natifs, mes espérances sont déçues.

JUSTUS.

Lorsque le Roi, notre légitime souverain,
manifesta le désir de modifier la première loi,

que je trouvais trop circonscrite, je crus qu'on étendrait le corps politique au lieu de le resserrer, et que je pourrais y être compris : comme vous (*à Semestre*) je me suis trompé ; heureusement que ce changement n'est que provisoire.

GRANDPRÉ.

Messieurs, c'est mal-à-propos que vous semblez décrier une institution qui est à la fois une conséquence de la charte, et le fondement de la tranquillité publique. C'est à la propriété, et sur-tout à la propriété foncière, à faire les élections, parce qu'elle seule est essentiellement intéressée à l'ordre : la propriété foncière ne peut pas, comme les marchandises et les capitaux, fuir devant l'anarchie.

SEMESTRE.

Si l'ordre était bouleversé, ma rente risquerait d'être compromise.

JUSTUS.

J'aurais tout lieu de craindre de perdre ma place.

GRANDPRÉ.

D'accord ; mais vous n'êtes ni l'un ni l'autre assez indépendans pour défendre la liberté publique.

PRUDENT.

Je gémis de voir que depuis trente ans, on ne soit pas encore parvenu à s'entendre sur la pose de la première pierre, de la pierre angulaire de l'édifice social. Il est vrai que rien n'est plus difficile que de bien circonscrire le corps politique. Si vous n'y admettez qu'un petit nombre de grands propriétaires, ils deviennent les arbitres du gouvernement, et la plus grande partie de la nation cesse de s'y intéresser ; si vous l'étendez trop, vous faites des instrumens d'intrigue, et vous faites perdre aux arts un temps précieux.

ROUSSEAU.

Je me fais gloire d'appartenir à la famille du grand homme dont le nom m'honore, et d'être un partisan zélé de sa doctrine. Je viens d'entendre émettre de bien graves erreurs ; mais la plus dangereuse de toutes consiste, sans contredit, à qualifier le Roi de souverain. Sachez qu'il n'y a de souverain que le peuple, puisque c'est lui qui établit, fait et défait ses constitutions, institue et dépose ses magistrats, suivant son bon plaisir.

PAYNE.

Je m'applaudis également de reproduire le nom et de propager les maximes du plus grand publiciste moderne. Fort bien, monsieur Rousseau ; le peuple est souverain ! voilà le grand principe. Comment, en effet, a-t-on pu penser qu'il n'avait pas le droit de changer son gouvernement, ses administrateurs ? Depuis quand est-on tenu de conserver un intendant, un homme d'affaire, qui s'est rendu indigne de notre confiance? Depuis quand n'est-on plus le maître de gouverner sa maison comme on l'entend !

PRUDENT, à Rousseau et à Payne.

Messieurs, vous raisonnez comme Locke, Mably et tous les novateurs : ils partent d'un principe sage, savoir que les gouvernemens sont institués dans l'intérêt des nations ; ils ont ensuite vérifié que Dieu emploie les peuples comme causes secondes pour établir les gouvernemens ; ils en ont tiré la fausse conséquence que le peuple, seul auteur du gouvernement, est toujours le maître de le changer suivant sont caprice. Il est démontré, en métaphysique, que Dieu gouverne toute chose par sa providence ; qu'il ne tombe pas un cheveu de notre tête, une feuille d'un arbre que par sa permission ; il est démontré de même que *le monde est conduit par une sagesse infinie, qui sait conduire tout à ses fins, même parmi les êtres libres, sans gêner leur liberté* (1). Or, ce qui est vrai en métaphysique ne peut être faux en politique ; toutes les sciences, toutes les vérités se tiennent ; il en faut inférer que les gouvernemens sont sur-tout institués par Dieu lui-même : vous ne

---

(1) Encyclopédie, au mot *Providence*.

devez donc pas trouver étrange que je dise que
les Rois sont ses lieutenans sur la terre.

PAYNE.

Voilà du papisme tout pur ; mais le papisme
politique, de même que l'ancien papisme re-
ligieux, a eu son temps (1).

PRUDENT.

Vous vous trompez : je ne m'appuie que sur
la philosophie, sur la raison qui est de tous les
temps et de tous les pays. Lisez Cicéron, *De la
Nature des Dieux, ou des Offices* ; lisez l'*Encyclopédie*, au mot *Providence* (je viens de
vous en citer un texte); lisez Xénophon, *Paroles mémorables de Socrate.*

PAYNE.

Dieu ne nous envoie pas des anges pour nous
manifester ses volontés ; il faut bien que nous
recherchions les institutions qui sont raisonna-
bles, et que nous proscrivions les abus : or je
vous prouverai que rien n'est plus abusif, plus
contraire à la raison, que la royauté, que les
magistratures perpétuelles.

PRUDENT.

La Providence nous conduit à ses fins, et n'a
pas besoin pour cela de nous dépêcher des mes-
sagers. Les inégalités physiques et morales qui
sont évidemment son ouvrage, le gouvernement

____

(1) Théorie de Payne, chap. IV, pag. 49.

des météores qui lui appartient (1), et enfin nos propres idées que nous ne nous donnons pas, et auxquelles elle ne peut pas être regardée comme étrangère, ne peuvent manquer de lui suffire pour nous mener à son but (a). La Grèce, à son origine, dit Mably, ne connut qu'un gouvernement militaire ; c'est-à-dire, que le capitaine d'une république en était le magistrat. Je dirai volontiers, avec un de nos poètes :

Le premier qui fut Roi fut un soldat heureux.

Mais, je vous le demande, ces capitaines, ce premier Roi, tenaient-ils d'eux-mêmes la taille, la figure imposante, la prudence, le courage qui durent fixer les regards de leurs concitoyens? Ce premier Roi ne tenait pas non plus du peuple les grandes qualités qui l'ont fait élire, et si l'intérêt du peuple lui-même, le besoin de rendre le pouvoir plus imposant, d'écarter les brigues, les troubles à chaque succession, l'a porté à conférer à cet ancien soldat un pouvoir

---

(1) Dans les *Paroles mémorables de Socrate* (Xénophon, livre 1) on trouve un Entretien entre Socrate et Aristodème sur la Providence. Le premier dit au second : « Si l'esprit qui réside dans votre corps, le meut et le « dispose suivant sa volonté, pourquoi la sagesse souve- « raine qui préside à l'univers ne peut-elle pas aussi régler « tout comme il lui plaît ? »

(a) Les notes indiquées par des lettres sont à la fin.

héréditaire, il eût impliqué contradiction qu'il eût pu ôter ce pouvoir suivant son caprice ; mais revenons à notre point, et disons que la Providence a toujours à sa disposition les moyens de nous amener où elle veut.

PAYNE.

Qui prouve trop ne prouve rien. Il résulterait de ce que vous dites, que Dieu lui-même serait l'auteur de l'usurpation des trônes, du despotisme, de la tyrannie.

PRUDENT.

S'il n'est pas l'auteur des gouvernemens injustes, des mauvais gouvernemens ; il est du moins vrai qu'il les permet, comme il permet les fausses religions. Il place un peuple sur la route glissante de la conquête et de l'usurpation ; il souffre qu'il soit tyrannisé pour le punir de sa corruption ; il se sert de la malice d'un despote pour exercer sa justice. Je répète, avec l'auteur du *Contrat social,* mais je dis sérieusement, *Dieu donne les mauvais Rois dans sa colère ; il faut les supporter comme des châtimens du Ciel.* Je sais que Rousseau prétend enseigner les moyens de se soustraire à la tyrannie de ces mauvais Rois ; c'est-à-dire, qu'il professe que les peuples ont le droit de se regimber contre la volonté de Dieu.

ROUSSEAU.

Quoique vous en disiez, c'est au peuple qu'il

appartient, par la nature des choses, de changer un gouvernement qui ne remplit pas le but de son institution, et qui blesse ses intérêts. Par la force des choses, il tient de la justice éternelle, de Dieu lui-même, le droit de révoquer des magistrats que la Providence lui avait permis d'établir pour faire son bonheur, et qui manquent à leurs engagemens. Par la force des choses, c'est donc au peuple qu'appartient la souveraineté.

PRUDENT.

La puissance des Rois est la puissance de Dieu lui-même, et ils ne sont soumis qu'à lui. Les peuples peuvent lui adresser des vœux pour en avoir de bons princes, mais ils sont tenus de les supporter tels qu'ils sont (1). Vous invoquez la force des choses; elle vous condamne. Il est de l'essence de l'autorité d'être indépendante de celui sur qui elle s'exerce : si vous gardez la suprématie sur vos chefs, si vous les soumettez à votre juridiction, par-là même ils manquent du pouvoir nécessaire pour vous gouverner. Vous n'auriez donc aucun compte à leur demander. Cette conséquence serait fondée sur la nature des choses, quand il ne serait pas vrai que la conduite des princes et des peuples est soumise

---

(1) *Bonos imperatores voto expetere, quales cumque tolerare.* Tacite.

aux décrets de la Providence, aussi n'est-ce que de nos jours qu'on s'est avisé de cette abstraction qui soumet le pouvoir suprême aux décisions du peuple.

ROUSSEAU.

Ainsi vous osez fouler aux pieds l'axiome fondamental de la politique, axiome proclamé par une assemblée qui a illustré son pays à jamais, l'élite des penseurs, des publicistes de la France (1).

PAYNE.

Ajoutons-y les législateurs des États-Unis d'Amérique (2).

PRUDENT.

Je sens, Messieurs, combien j'ai besoin de votre indulgence ; mais permettez-moi de m'étayer sur une vérité qui n'est malheureusement que trop certaine : les assemblées les plus sages peuvent être entraînées au-delà des bornes, surtout si elles sont tant soit peu nombreuses ; des circonstances extraordinaires, des dispositions d'esprit extraordinaires, amènent des résolutions extraordinaires. Les hommes, tourmentés par de longs abus, résistent dans un sens opposé et ne s'arrêtent pas toujours à propos. Souffrez donc

----

(1) Art. 3 de la Déclaration des Droits de l'Homme et du Citoyen, qui précède la Constitution française de 1791.

(2) Art. 2 de la Déclaration des Droits de la Constitution des États-Unis d'Amérique.

que je vous soumette quelques réflexions sur
votre théorie : la puissance publique ayant été
instituée pour servir de frein aux passions de
la multitude, n'est-ce pas entraver et en quelque sorte anéantir cette puissance, que d'en
mettre les dépositaires à la merci de cette multitude? Il me semble, Messieurs, que vous con-
fondez le but, l'objet de la souveraineté, avec
son exercice. Encore une fois, c'est dans le seul
intérêt du peuple, et pour procurer son bonheur, que la souveraineté, la puissance publique
a été instituée; mais vous ne pouvez en confier
l'exercice au peuple, ni directement ni indi-
rectement, sans renverser l'ordre de fond en
comble. Qu'entend - on par souveraineté? Le
mot *souverain* vient du mot latin qui signifie
supérieur (1) : *souverain* et *supérieur* sont équi-
valens; or n'y a-t-il pas contradiction dans les
termes, à dire que celui qui doit obéir est le
supérieur, et qu'au contraire celui qui est pré-
posé pour commander est inférieur? N'est - ce
pas là résister à la nature des choses (2)?

ROUSSEAU.

Ce sont les individus composant le peuple qui
doivent obéir, et ils sont alors considérés comme

---

(1) Souverain vient de *superior*. Pasquier, *Recherches*.

(2) Cette expression est fort caressée par les partisans
des nouvelles doctrines. *V.* les brochures de M. de Pradt.

sujets, et c'est le peuple, collectivement pris, qui est souverain et qui doit commander. Vous n'avez pas l'intelligence de notre théorie.

PRUDENT.

Je l'ai parfaitement comprise; le peuple, collectivement pris, est un être abstrait qui n'existe que par les individus qui le constituent; or je vous prie de me dire où aboutit cette abstraction? Votre souveraineté ne peut être utile au peuple collectivement pris, qu'autant qu'elle le serait aux particuliers qui composent cet être moral; or, l'intérêt des particuliers, sans exception, est que la puissance publique soit active, énergique, réprimante. C'est l'intérêt même des simples prolétaires que la propriété soit instituée, puisqu'ils ne peuvent y arriver sans cela; or la propriété n'existe réellement que sous un gouvernement ferme, et lorsque la puissance publique est solidement établie. Votre abstraction dénature, décompose cette puissance publique; elle en fait une semence de troubles, un stimulant des passions turbulentes auxquelles elle devait mettre un frein. C'est comme si vous disiez que les rênes destinées à retenir un cheval fougueux, devraient, par une combinaison que vous prétendriez être très-savante, en passant par les mains du cavalier, rester néanmoins à la disposition de ce coursier, vous ne voulez pas

voir qu'il s'enchevêtrera dans ces rênes, qu'il
sera chutes sur chutes, renversera son cavalier,
le foulera aux pieds, et qu'il eût été bien préfé-
rable de laisser celui-ci contracter l'habitude
d'aller à pied, et abandonner le cheval à la
bonté de son instinct (1).

ROUSSEAU.

Je conçois que le vulgaire ne comprenne pas
que le peuple soit souverain en Turquie; mais
ce que je ne conçois pas, c'est qu'on prétende
qu'il n'était pas souverain à Athènes, ou qu'il
ne dût pas l'être.

PRUDENT.

Sans doute le peuple s'empare du pouvoir
dans une démocratie, et la démocratie a régné
à Athènes plus que par-tout ailleurs. Mais
vous vous rappellerez le mot d'un philosophe
renommé sur le sénat et le peuple d'Athènes (2).
Si, comme on n'en peut douter, la tyrannie

---

(1) Peu importe qu'il soit vrai de dire que les Rois sont
faits pour les peuples (*), et que le cheval est au contraire
fait pour le cavalier; le frein, quel que soit celui pour
l'utilité de qui il est établi, ne peut remplir son objet
qu'autant qu'il n'est pas à la disposition de l'être qui a
besoin d'être réprimé.

(2) Anacharsis disait d'eux : Les sages délibèrent, et
les fous décident.

(*) Cette proposition est imparfaite : les Rois et les peuples,
de même que les pères et les enfans, sont faits les uns pour les
autres.

populaire est la pire de toutes, quel avantage les Athéniens ont-ils retiré de leur prétendue souveraineté (*b*)? Dans le fait, le peuple d'Athènes fut gouverné lors même qu'il parut le plus en possession du pouvoir; mais je suppose qu'il n'eût été composé que de sages se déterminant d'après leur conviction, et qu'il eût vraiment disposé de la puissance publique, il aurait, dans ce cas, exercé la puissance souveraine, ou une puissance au-dessus de laquelle il n'en n'eût point existé d'autres. Eh bien! dans ce cas-là même, ce n'eût été que bien improprement qu'on eût dit qu'il était souverain; en effet, de qui eût-il été le souverain ou le supérieur? De lui-même. En morale, il est beau de se commander à soi-même; mais, en politique, cela implique contradiction. Un peuple ne peut être qualifié de souverain, parce qu'il n'existe aucun corrélatif qu'on puisse raisonnablement lui comparer et dire son subordonné. Il est, dites-vous, en masse souverain de chacun des individus qui le composent; mais cette distinction du même homme, considéré sous un rapport comme membre du souverain, et sous un autre comme sujet, est une subtilité métaphysique qui ne satisfera jamais un esprit sensé (1),

---

(1) Aussi Platon, qui n'était pas un politique moins profond que nos spéculatifs, dit-il que le souverain est

et qu'on ne peut essayer de réaliser d'une
manière quelconque sans ruiner toute subordination, toute autorité.

ROUSSEAU.

Ce qui importe ici n'est pas le mot, mais
la chose; toujours est-il vrai de dire que le
peuple qui gouverne ne peut être tyrannisé.

PRUDENT.

Il importe beaucoup qu'on n'ait que des idées
justes dans une matière aussi importante. C'est
sur-tout en politique que l'abus des mots entraîne des conséquences funestes; c'est en politique, qu'au nom de la liberté, on crée la
tyrannie la plus monstrueuse, la plus atroce,
telle que celle des despotes de l'Orient ne
présente, en comparaison, qu'un gouvernement modéré; c'est en politique, qu'au nom
de l'égalité, on consacre l'inégalité la plus bar-
bare, celle qui divise un peuple en bourreaux
et en victimes. Un peuple qui se gouverne,
échappe, dites-vous, à la tyrannie; quoiqu'il
fasse, il faut qu'il soit gouverné. Tant que les
Athéniens eurent des mœurs, ils écoutèrent
la voix des Miltiade, des Aristide, des Thémistocle, des Cimon, qui les conduisirent sagement;
mais lorsqu'ils furent corrompus, ils furent à

---

dans une monarchie le Roi, et dans une république les
magistrats supérieurs, les archontes. *République*, liv. x.

la discrétion des démagogues qui les égarèrent et leur firent perdre la confiance de la Grèce. Ajoutons que rien n'est plus fragile que les mœurs dans la démocratie; elles sont à la merci de tout flagorneur ambitieux qui a intérêt de les pervertir. Rappelez-vous comment Périclès parvint à éclipser le vertueux Cimon. Il est donc nécessaire qu'on sache qu'un peuple qui se gouverne remplit une tâche pénible, souvent difficile et scabreuse, tâche que lui impose le besoin de veiller à sa conservation, et que ce n'est qu'improprement qu'on peut dire alors qu'il est souverain. Je veux bien au reste ne pas disputer sur les mots, et consentir à nommer le peuple *souverain* dans un Etat populaire; mais la démocratie ne peut convenir qu'aux petits Etats ayant des mœurs simples : vous serez forcés de convenir à votre tour que la souveraineté du peuple, étrangère aux autres gouvernemens, n'aurait existé que de loin en loin, et dans un petit nombre de contrées *(c)*.

ROUSSEAU.

Vous êtes bien loin de notre doctrine : il faut toujours en revenir à dire que tous les gouvernemens étant établis pour le peuple, par le peuple, et dans son seul intérêt, il a, par la nature des choses, toujours le droit de

les changer, comme étant son ouvrage, sa
chose. La force qui entoure les gouvernemens de
l'Orient, peut être un obstacle à l'exercice du
droit du peuple, mais ne le détruit pas (1); cette
force ne peut changer l'essence des choses, ni
conséquemment altérer la souveraineté. Qu'est-
ce en effet que la souveraineté? Nous disons,
avec Rousseau, que c'est l'exercice de la volonté
générale, qu'ainsi elle ne peut s'aliéner. Le souverain qui est un être collectif, ne peut être
représenté que par lui-même (2) : le pouvoir
peut bien se transmettre, mais non la volonté.

PRUDENT.

Rousseau pose ici en principe ce qui est en
question. La souveraineté est, dit-il, l'exercice
de la volonté générale, c'est, comme s'il disait,
le peuple est souverain parce que lui seul est
souverain. Sa définition de la souveraineté est
tout à fait inexacte : on a toujours entendu au
contraire par *souveraineté* l'exercice de la puis-

---

(1) Comment concilier avec la Providence dont Rousseau vante cependant l'active surveillance, les gouvernemens *de fait* qui auraient empêché le gouvernement *de
droit* de s'établir nulle part. N'eût-il pas été plus conséquent de reconnaître que le gouvernement de chaque
peuple est plus ou moins propre à faire son bonheur, à
proportion que ses mœurs sont plus ou moins conformes
à la nature ?

(2) Contrat social, liv. ii, chap. i.

sance publique, et il est évident que cet exercice peut être aliéné (1).

PAYNE.

Le peuple ne peut s'enchaîner lui-même : l'aliénation de sa souveraineté révolte le sens commun.

PRUDENT, à Payne.

Le sens commun, Monsieur, est loin de nous parler le même langage ; car il me dit à moi, de la manière la plus claire, que l'exercice de la puissance publique peut être concédé pour un temps plus ou moins long ; qu'il peut même l'être à perpétuité, à une ou plusieurs familles, attendu que c'est pour son intérêt même que le peuple doit faire cette concession. Ceci doit être conforme aux vues de la Providence qui tend évidemment à établir le bon ordre.

ROUSSEAU.

Le peuple peut bien, par une loi, créer un gouvernement royal même héréditaire, et nommer ensuite un Roi ; mais cet administrateur est toujours révocable, car il est de l'essence de la volonté de pouvoir changer, et ce que le souverain a voulu une fois, il peut une autre fois le détruire pour une volonté contraire.

---

(1) Nous devons répéter ici la doctrine de Platon : Le souverain est dans une monarchie le Roi, et dans une république ce sont les magistrats supérieurs, les archontes. *République*, liv. x.

PAYNE.

La sagesse est de sa nature, comme les vertus humaines, une qualité variable : loin d'appartenir spécialement à telle ou telle famille, elle n'appartient pas même constamment au même homme. Il en faut conclure que les magistratures héréditaires, ou même à vie, sont désavouées par la nature. D'ailleurs, pour que la monarchie fût tolérable, il faudrait que les Rois fussent toujours dans la maturité. La monarchie élective cause des troubles à chaque succession, après avoir souvent présenté la royauté dans la décrépitude ou la caducité, et la monarchie héréditaire nous la montre tantôt dans des langes, tantôt se traînant sur des béquilles (1).

ROUSSEAU.

Vous avez bien raison ; cependant le maître a dit que le gouvernement monarchique convient aux grands États (2), et que les lieux où le terrain donne beaucoup de produit pour peu de travail, veulent être gouvernés monarchiquement pour consommer, par le luxe du prince, l'excès du superflu des sujets (3). Il a même ajouté que *la constitution monarchique est celle qui a le plus d'activité et de vigueur. Tout y*

---

(1) Théorie de Payne, pag. 28 et suiv.

(2) Contrat social, liv. III, chap. 2 et *passim*.

(3) *Ibidem*, liv. III, chap. 8.

répond, a-t-il dit, au même mobile; tous les ressorts de la machine sont dans la même main; tout marche au même but : Archimède assis tranquillement sur le rivage, et tirant sans peine à flot un grand vaisseau, me représente un monarque habile gouvernant de son cabinet ses vastes États, et faisant tout mouvoir en paraissant immobile.

Malheureusement cette belle médaille a un vilain revers : les Rois arrivent bornés ou méchans au trône, ou le trône les rend tels (1).

PAYNE, à Rousseau.

Vous me permettrez de vous dire, Monsieur, que vous vous contredisez; s'il n'y a jamais eu, et qu'il ne puisse pas y avoir de bons Rois, comme vous le dites équivalemment, les grands États, les lieux fertiles ne doivent pas être gouvernés monarchiquement. Le maître a soutenu cela, dites-vous; dites, je vous prie, votre maître, car mon instituteur a soutenu au contraire *qu'on ne peut prouver par quel droit le gouvernement héréditaire a commencé; que nul pouvoir hu-*

______

(1) Contrat social, liv. III, chap. 6.

Quoi ! sans en excepter Minos, Codrus, Titus, les Antonins, Charlemagne, saint Louis, Louis XII, Henri IV, Louis XVI priant pour ses bourreaux, et écrivant son testamment immortel, modèle de diction et de grandeur d'âme ! Quelle extravagante déclamation !

main ne peut s'étendre jusqu'au droit de l'établir (1).

ROUSSEAU, à Payne.

Mon maître vaut bien le vôtre : on a traduit les ouvrages de Rousseau dans toutes les langues ; son nom retentit dans toute l'Europe.

PAYNE.

Celui de Payne éclate également dans les deux Mondes.

ROUSSEAU.

On lit *Émile* et le *Contrat social* à Saint-Pétersbourg, à Philadelphie comme à Paris.

PAYNE.

Quand on les lirait dans la lune, il serait toujours honteux d'avoir des opinions incertaines et contradictoires (2).

---

(1) Théorie de Payne, pag. 16.

(2) Il est clair que Payne a ici l'avantage d'être conséquent. Les gouvernemens héréditaires sont évidemment incompatibles avec la souveraineté du peuple, qui rendrait celui-ci toujours le maître de changer son gouvernement. Le peuple, dit Rousseau, peut transférer le pouvoir et non la volonté ; mais que serait-ce qu'un pouvoir héréditaire susceptible d'être changé par une volonté plus mobile que le vent ? Il aurait moins de solidité que les magistratures annuelles des anciennes républiques de la Grèce. Ajoutons que si tous les Rois sont bornés ou méchans, il est hors de doute que la monarchie ne convient à aucun pays.

PRUDENT, à Rousseau et à Payne.

Au travers de vos débats, il est facile, Messieurs, de voir que vous vous entendez sur un point. Vous outrez d'une manière cynique, et à qui mieux mieux, les inconvéniens de la monarchie, et dissimulez la plupart de ses avantages, et vous faites tout le contraire à l'égard des autres gouvernemens. Vous m'obligez, messieurs les Réformateurs, de vous dire une vérité un peu dure : il y a par trop d'orgueil dans votre fait ; on dirait, à vous entendre, que personne ne s'était avisé de penser avant votre arrivée dans ce monde ; vous m'avouerez que cela est passablement présomptueux. Il semble que vous devriez convenir que Platon, Aristote, et en général les sages qui ont marqué dans l'antiquité, avaient bien aussi un peu de sens commun (1). Eh bien ! ils sont d'une opinion tout à fait contraire à la vôtre sur l'excellence de la

______

(1) Le professeur de droit public Delacroix, dit : « Lorsqu'on a recueilli tout ce qu'Aristote a écrit sur les « différens gouvernemens, on est étonné de voir combien « les anciens étaient avancés dans l'art de combiner les « pouvoirs, et de garantir la liberté des atteintes de la « tyrannie. On regrette que des connaissances si pré- « cieuses, et transmises aux hommes depuis tant de « siècles, ayent été si long-temps stériles pour la pos- « térité. » *Constitutions des principaux Etats de l'Europe, premier discours.*

monarchie. Je dois même vous faire remarquer que Thucidide, qui est un historien trop distingué pour qu'on puisse s'empêcher de le regarder comme un homme d'un grand sens, a dit (liv. II, ch. 2) que la monarchie était si naturelle, que quoique le gouvernement d'Athènes fût démocratique dans le droit, cependant il approchait, dans le fait, de la monarchie, puisque le plus grand homme y avait toute l'autorité, et semblait le dépositaire de la volonté de tous les citoyens; et Thucidide cite Miltiade, Aristide, Thémistocle, Cimon, Périclès. Il est fort naturel que je rappelle ici à monsieur Payne lui-même, que, sans Wasingthon, ses États-Unis d'Amérique n'existeraient peut-être pas. Je dois ajouter que vos raisons, ou plutôt vos déclamations, ayant quelque poids contre une monarchie absolue, sont sans force à l'égard d'une monarchie tempérée par des lois sages qui tiennent le le prince en garde contre ses passions, et remédient aux minorités par une régence bien constituée. Il n'y a eu que la prévention la plus aveugle qui ait pu vous empêcher de faire cette distinction. Si vous aviez pris la peine d'étudier les publicistes, les politiques les plus distingués, anciens et modernes, vous auraient appris la prééminence du gouvernement que vous décriez tant, sur les autres formes d'administration (d).

ROUSSEAU.

Quoi que vous disiez, l'inéliénabilité de la souveraineté du peuple est dorénavant un principe irréfragable : non-seulement la souveraineté du peuple est inaliénable, elle est encore indivisible. Tous ayant des droits égaux doivent concourir également à la législation ; l'unanimité n'est pas nécessaire, mais il est indispensable que toutes les voix soient comptées : l'oubli d'une seule vicierait l'opération (*e*). C'est assez vous dire d'abord que le peuple ne peut pas se faire représenter dans une fonction aussi importante ; on ne peut vouloir par autrui : la volonté générale est une : elle est elle-même, ou elle est toute autre (1) ; c'est assez vous dire ensuite que votre loi des élections est une extravagance, puisqu'il ne doit pas y avoir d'élections.

PAYNE.

Voilà un bien étrange système ! Comment voulez-vous qu'un grand peuple, habitant un territoire étendu, puisse se réunir dans une seule assemblée ?

ROUSSEAU.

Ce qui s'est fait autrefois, peut encore se faire aujourd'hui. Voyez ce qu'était la république romaine quand elle se fut accrue : le peuple, vous

---

(1) Contrat social, liv. II, chap. 2.

le savez, s'assemblait à Rome, et la foule y était quelquefois telle, que, *du temps des Gracques, une partie des citoyens donnait son suffrage de dessus les toits.*

PAYNE.

Ces assemblées auraient été praticables à Rome, qu'elles ne le seraient pas *dans nos climats plus durs, où la place publique n'est pas tenable six mois de l'année ; nos langues sourdes ne peuvent se faire entendre en plein air.* L'auteur du *Contrat social* a reconnu cela.

ROUSSEAU.

Il ne faut pas objecter les inconvéniens des grands États, à qui n'en veut que de petits (*f*).

PAYNE.

Pourquoi donc avez-vous dit que la monarchie convenait aux grands États; n'était-ce pas assez dire qu'il devait y avoir de grands États; mais je vas plus loin, dans les nations les moins populeuses, il est une foule d'hommes incapables de faire des lois, et qui ne pourraient d'ailleurs y donner le temps convenable. Ne vaut-il pas mieux que le petit fermier reste à sa charrue, que le boulanger s'occupe de faire son pain, que d'aller discuter des lois auxquelles ils n'entendraient rien.

ROUSSEAU.

Je sais bien que les Grecs faisaient labourer

leurs terres par des esclaves, que les Romains faisaient exercer les arts indispensables aussi par des esclaves. « Pour vous, peuples mo-« dernes, vous n'avez point d'esclaves mais vous « l'êtes : vous payez leur liberté de la vôtre. « Vous avez beau vanter cette préférence, j'y « trouve plus de lâcheté que d'humanité....... « Je n'entends pas, pour cela, qu'il faille avoir « des esclaves, ni que le droit d'esclaves soit « légitime, puisque je vous ai prouvé le con-« traire (1) ».

PAYNE.

Que voulez-vous donc dire? Prétendez-vous gouverner les Etats avec de pareilles subtilités, avec ces faux fuyans?

ROUSSEAU.

Quand le peuple laisse à d'autres le soin de faire les lois qui doivent être la sauve-garde de sa liberté, tout est perdu! Il ne peut pas plus se faire représenter au *Forum* qu'à l'armée.

PAYNE.

Il est plus facile d'apprendre à se battre qu'à faire des lois; d'ailleurs le temps des guerres, d'autant plus acharnées qu'elles étaient sans objet, est passé. Le progrès des lumières fera concevoir aux peuples qu'ils doivent perfectionner les sciences et les arts, se communiquer

____

(1) Contrat social, liv. III, chap. 15.

leurs lumières et leur superflu, et qu'ils ne sont pas faits pour s'égorger. Que l'Europe secoue le joug de cette royauté qui l'épuise en guerres ruineuses, et les peuples s'entendront. La guerre est le grand ressort des monarchies; les républiques au contraire tendent à la paix, aux arts et au commerce (1).

ROUSSEAU.

Fort bien raisonné! Vous pouvez citer à l'appui de votre doctrine, les républiques de la Grèce qui se battirent toujours entre elles ou avec l'étranger, et la république romaine qui ne dut son éclat qu'à une guerre continuelle, et ne favorisa jamais le commerce.

PAYNE.

Tyr, Carthage, Marseille, Florence, Venise, Athènes même, n'ont-elles pas fleuri par lui? J'ai d'ailleurs entendu parler des républiques constituées comme les Etats-Unis d'Amérique... Vous faites le mauvais plaisant!

ROUSSEAU.

Tant que les hommes vivront avec leurs passions, le plus fort voudra toujours dépouiller le plus faible. Le gouvernement n'y fait rien. Vous ne connaissez pas le cœur humain; votre amour-propre vous égare.

---

(1) Théorie de Payne, pag. 15.

PAYNE.

Qui jamais eut plus d'amour-propre que votre patron. Voyez son chapitre *du Législateur ;* comme il y fait l'inspiré ! et s'il n'y dit pas assez aux peuples : Adressez-vous à moi pour vous faire des constitutions ! Eh bien ! cet amour - propre, il vous l'a légué tout entier.

ROUSSEAU.

Vous avez bonne grâce à nous reprocher notre présomption, vous qui avez eu la prétention de républicaniser l'Europe, et d'établir une paix perpétuelle.

PAYNE.

Quel orgueil d'avoir cru qu'à votre voix la terre se diviserait en petites cités, pour avoir le bonheur d'être gouvernée sous vos auspices !... Si l'Europe était régie comme les États - Unis d'Amérique, sans doute une paix durable y régnerait bientôt.

ROUSSEAU.

Quelle ineptie d'avoir assimilé un terrain sortant des mains de la nature, habité par des propriétaires de loin en loin disséminés, et tout entiers à la culture de leurs champs, et une terre d'une civilisation usée, présentant toutes les privations en contact avec toutes les jouissances ! C'est pourtant cette confusion qui a causé votre engouement pour les républiques commerçantes, que vous avez eu la bonhomie de nous présenter comme devant ramener l'âge d'or sur la terre. Voyez, je vous prie, si l'intérêt même de leur commerce ne rend pas vos États-Unis aussi susceptibles, aussi chatouilleux, aussi disposés à la guerre qu'aucune puissance de l'ancien continent.

PAYNE.

Où avez-vous pris cela, monsieur le Législateur universel ?

ROUSSEAU.

Dans tous les journaux, monsieur le Pacificateur du monde ! On mêle vos pacifiques républicains à tous les bruits de guerre. Vous ne voyez pas d'ailleurs que leur constitution, que vous élevez aux nues, ruine la souveraineté du peuple ; vous ne voyez pas que vous en faites un vain nom, en soutenant que le peuple ne peut pas lui-même faire ses lois.

PAYNE.

Le peuple sera toujours souverain dès qu'il sera le maître de changer à son gré ses magistrats et ses représentans.

ROUSSEAU.

La souveraineté consiste sur-tout dans le droit de faire ses lois.

PAYNE.

Votre doctrine révolte le sens commun.

ROUSSEAU.

Le sens commun est le titre de votre ouvrage, mais il ne faut pas l'y chercher !

PRUDENT, avec un léger souris, à Rousseau et à Payne.

Messieurs, un peu de retenue ; sans cela nous ne pourrons jamais nous entendre. Chacun de vous voit parfaitement le vide de la théorie de l'autre et ne se doute pas de la futilité de son système. Vous vous dites l'un à l'autre des vérités dures, d'une manière qui pourrait paraître plaisante, si nous ne parlions pas de choses aussi sérieuses. Messieurs, on ne gouverne point les hommes avec des spéculations de cabinet : il ne faut faire d'essais en politique qu'avec une extrême discrétion ; si on veut innover en grand et tailler dans le vif, les bouleversemens les plus terribles suivent toujours de près une semblable imprudence. Quelle affreuse épreuve ne venons-nous pas de faire de cette vérité funeste ! Si j'avais l'avantage de conférer avec les hommes trop célèbres dont vous retracez les doctrines, armé de la plus cruelle expérience, je leur adresserais des reproches dont l'évidence des faits les obligerait de reconnaître la justice. Je dirais à l'auteur du *Contrat social* : Vous n'avez pas voulu voir, ou plutôt vous avez feint d'ignorer que les peuples n'avaient d'existence que par les individus dont ils se composent, et à chacun desquels l'auteur des choses avait départi des facultés, des inclinations, des goûts, des talens

divers, et assigné par suite des places différentes
dans la hiérarchie, sans laquelle la société ne
peut exister. Vous n'avez pas voulu voir, ou vous
avez feint d'ignorer que c'est par le ressort de
cette inégalité même que les peuples se sont
formés ; c'est parce que les enfans ont eu besoin
de rester long-temps auprès de leurs parens ;
que les faibles ont été obligés de rechercher la
protection du fort ; que le fort a été flatté du
respect des faibles ; que les diverses facultés,
les diverses capacités, les diverses aptitudes ,
les divers talens ont senti l'avantage et même
le besoin de faire des échanges, que les nations
se sont agglomérées ; c'est encore l'inégalité qui
les a consolidées et conservées : l'homme vit dans
ses semblables plus qu'en lui-même, il est irrésistiblement porté à y chercher des préférences,
et c'est l'inégalité qui a fait naître l'espoir de ces
préférences, qui a filé et tissu la laine et le lin,
bâti les villes, édifié les palais, extrait des entrailles de la terre et poli le diamant, tiré les
perles des gouffres de la mer ; l'inégalité est
la baguette magique qui présente à nos yeux
étonnés le beau spectacle du monde, embelli
par les arts : si elle n'existait pas, il faudrait l'in-
venter. Supposez un instant les hommes égaux,
et bientôt toutes ces merveilles disparaissent :
l'homme se bornant au seul nécessaire, se met-

tra à l'abri des injures de l'air dans des cavernes, ou dans des cabanes grossièrement construites, et se couvrira des peaux sanglantes des animaux qu'il aura tués à la chasse. Vous avez conseillé au peuple de porter sur l'inégalité une main qu'on peut nommer parricide, et déchaîné toutes les passions envieuses et discordantes, en disant à la multitude qu'elle pouvait tout oser. Elle a eu le malheur de vous croire ; vous voyez ce qui en est résulté : après avoir traversé une mer de sang, nous avons été heureux de pouvoir nous reposer chargés des chaînes du despotisme ! Si la fureur que vous nous aviez inspirée avait duré un instant de plus, nous n'aurions pas échappé à la plus affreuse tempête : nous nous serions tous *égorgés* sans exception !

Je dirais au Secrétaire du congrès américain : Enchantés d'avoir contribué à vous donner la liberté, nous étions tout à fait enclins à écouter vos leçons, persuadés que votre *Sens commun* était vraiment l'ouvrage du bon sens, nous vous avons cru sans réserve ; vous applaudissiez à nos efforts et promettiez au gouvernement modelé d'après votre théorie une durée éternelle, vous excitiez l'Europe à nous imiter, à marcher sur les traces de vos États-Unis ; vous nous répétiez à satiété que les gouvernemens anciens étaient le fruit de la violence et de l'oppression, et tous également injustes ; que l'hérédité du pouvoir était une monstruosité. L'esprit de système vous empêchait de voir d'un côté qu'un grand courage, une prudence éprouvée avaient dû conduire un grand nombre de princes à un pouvoir mérité et bienfaisant ; de l'autre que la tranquillité publique, qui est le premier besoin des peuples, demandait qu'un trône, eût-il été élevé par l'injustice, fût, par succession de temps, regardé comme légitime, dès qu'un successeur du tyran gouvernait avec sagesse ; qu'enfin l'ordre public était d'autant plus assuré que le gouvernement est plus solidement établi, et qu'à cet égard le gouvernement héréditaire a un grand avantage sur les autres. A peine aviez-vous cessé d'écrire que nous étions en proie à une anarchie dévorante : notre crédulité a été punie par l'accablement de tous les maux, et sans l'excessive bonté du prince magnanime qui nous a sauvés deux fois de nos propres fureurs, nous n'existerions plus ! Permettez-nous donc, dirai-je à vos coryphées, permettez-nous de revenir avec empressement, avec la conviction la plus entière, au gouvernement monarchique.

PAYNE.

C'est envain que vous prétendez légitimer les gouvernemens établis par la force ; vos raisons ne me persuadent pas. Le gouvernement d'Angleterre, par exemple, a sa source dans l'invasion de Guillaume - le - Conquérant. Ce n'était sûrement pas Dieu qui l'avait envoyé là. La longue suite de ses successeurs n'a pas légitimé l'usurpation.

PRUDENT.

Si la conquête de Guillaume n'est pas l'œuvre de Dieu, du moins il l'a permise. Nous n'avons pas droit de demander à la Providence compte de sa conduite. Si le gouvernement du vainqueur d'Harting fut le résultat de la violence, Dieu, qui sait tirer le bien du mal même, a pu par la suite placer sur ce trône usurpé des Rois sages et bienfaisans, innocens des torts de Guillaume. Personne ne peut se plaindre de l'usurpation, lorsqu'il n'existe plus de descendans du prince détrôné qui soit en droit de réclamer. Il faut bien que cet ordre de choses soit dans les vues de la Providence, puisque l'histoire en présente d'innombrables exemples : celui au contraire que vous voudriez établir est inouï jusqu'à nos jours. Parcourez toutes les histoires, jetez les yeux sur toutes les révolutions des peuples, vous verrez qu'elles sont dues à une très-petite fraction de ces peuples, qui pour l'ordinaire se sont laissés maîtriser, soit pour maintenir l'unité politique, ou pour éviter les troubles, soit par insouciance. S'il n'y avait de gouvernement légitime que celui qui serait l'ouvrage de la volonté générale, il n'en existerait pas, et il n'en aurait jamais existé. Ceux des États-Unis d'Amérique eux-mêmes ont été conçus par des Conventions, qui ayant fait publier des projets de constitutions, et voyant que personne ne s'élevait contre, en ordonnèrent l'exécution (1).

PAYNE.

On n'a vu tant de révolutions, toutes les nations n'ont éprouvé tant de calamités que parce que nos principes n'ont pas été pratiqués.

PRUDENT.

Ils sont impraticables : il est impossible que la multitude conçoive par elle-même un plan

______

(1) Théorie de Payne, pag. 35. « Comme on savait, « dit Payne, que l'opinion générale du peuple était en « faveur de la constitution proposée (celle de Pensyl- « vanie), elle fut signée, scellée et proclamée de l'autorité « du peuple. » Il se présente ici une réflexion bien simple et bien naturelle, c'est que cette opinion générale se réduisait purement à un sentiment de confiance dans les législateurs qui avaient fait cette constitution. Le peuple, disons-le franchement, est incapable d'apprécier un plan de lois fondamentales. Rousseau et Mably consultés sur la constitution de la Pologne, sont d'avis différens sur les deux points les plus importans, et l'on veut que des cultivateurs, la plupart sans lettres, sans éducation, jugent les lois constitutives d'une grande nation !

de législation : les novateurs en conviennent (1) ;
ils doivent convenir de même, avec un peu de
bonne foi, qu'elle est hors d'état d'apprécier
les lois, de les juger sainement : les plus simples, et à plus forte raison les lois constitutives,
sont susceptibles d'être vues sous une foule de
rapports qu'il n'appartient qu'aux esprits exercés
et étendus de saisir. Comment donc a-t-on pu être
assez inconséquent pour vouloir rendre la multitude l'arbitre de ces lois, et faire de cette puissance absolue le fondement de la société (2).

Les maux de l'humanité viennent des passions, des vices des hommes, et non des gouvernemens. Vous courez après une perfection
imaginaire : vous luttez contre les lois de la
nature et de la Providence, qui ont assujetti

____

(1) Contrat social, liv. 11, chap. 6.

(2) Il est sans exemple qu'un peuple ait refusé une
constitution présentée à son acceptation. La raison publique lui a dit qu'il importait de maintenir l'unité,
d'éviter les troubles. Il n'y a jamais eu qu'une faible partie
des citoyens à voter dans ce cas, et l'on voudrait faire
d'un semblable consentement, donné sans connaissance
de cause, la pierre angulaire de l'édifice social ! J'insiste
sur cette vérité, parce qu'elle est décisive : si la plus
grande partie des hommes est incapable de faire ou
même d'apprécier les lois, il est évident que les brouil-
lons ne veulent leur en attribuer la connaissance, que
pour en faire des instrumens de leur ambition.

l'humanité à des maux, à des épreuves qui tiennent à la condition humaine. « Nous voudrions, « dit Mably, des biens sans mélange, et cependant c'est une grande folie d'en espérer de « tels, puisque la société n'est composée que « d'hommes, c'est-à-dire de matériaux très-« imparfaits. Contentons-nous de l'espèce de « perfection à laquelle la nature nous a permis « d'atteindre, et des moyens qu'elle nous a « donnés pour y parvenir : le moindre mal, « voilà notre plus grand bien (1) ».

Je n'ajouterai qu'un mot : monsieur Rousseau reprochait, il n'y a qu'un instant, à monsieur Payne de vouloir républicaniser la terre ; je dirai à l'un et à l'autre : Votre beau principe de la souveraineté du peuple aurait l'effet nécessaire de la *démocratiser* ; cependant l'auteur du *Contrat Social* a dit que la démocratie ne convient qu'aux petits États, qu'il n'en a jamais existé de parfaite, qu'un gouvernement si beau ne convient pas à des hommes.

ROUSSEAU.

Rousseau a sans doute dit cela, et il a raison.

PRUDENT.

Tous les publicistes, Mably entre autres, sont du même avis : il s'est élevé maintes fois contre

____

(1) Droits et Devoirs du Citoyen, lettre IV.

la démocratie d'Athènes, notamment dans son
Traité des Droits et des Devoirs du Citoyen,
lettre 1V. Il dit ici : « Dans une pure démocratie
« où tout citoyen peut proposer ses rêveries
« pour en faire des lois, où n'ayant pris aucune
« précaution raisonnable pour déconcerter les
« complots des mal-intentionnés, pour prévoir
« l'engouement et amortir les passions toujours
« impétueuses de la multitude, il est évident
« que tout se décide par vertige...... S'il plaît aux
« Athéniens de décerner peine de mort contre
« quiconque proposera d'employer aux frais de
« la guerre les fonds destinés pour représenter
« des comédies, Phocion respectera-t-il cette
« loi ridicule ».

Il dit plus loin : « J'ai peur qu'en louant sans
« restriction l'amour de la liberté, vous ne vous
« trouviez réduit à ne pouvoir pas blâmer une
« démocratie pareille à celle des Athéniens, qui,
« ne laissant aux magistrats qu'un vain nom et
« un pouvoir inutile, devait dégénérer en ty-
« rannie. Si l'amour de la liberté élève l'âme,
« il exalte aussi souvent les passions d'une ma-
« nière dangereuse. La place publique, dans
« une *démocratie,* voit porter des décrets aussi
« injustes et aussi absurdes que ceux du divan. »
Il ne s'explique pas moins clairement dans les
ntretiens de Phocion. (11e Entretien, note 1re.)

PAYNE.

Je pense comme Mably et les autres publicistes : la tyrannie de la multitude passe toute
expression. Qu'est-ce que cela a de commun
avec le principe de la souveraineté du peuple ?

PRUDENT.

Comment vous ne voyez pas qu'il tend à ap-
pesentir ce sceptre de fer sur l'univers entier !
Cette belle doctrine, en effet, résout, en dernière
analyse, tous les gouvernemens en démocratie.
Le gouvernement représentatif, avec votre prétendu principe, n'est plus que la tyrannie du
peuple, et devient lui-même impraticable. Comment ne voulez-vous pas voir que dans ce systéme, lorsque le parti populaire aura le dessous
dans les discussions législatives, il en appellera
toujours à l'opinion du plus grand nombre, qui
ne peut manquer de lui être favorable ; que
par-là même ce plus grand nombre disposera
des lois et du gouvernement, tout devant plier
devant la volonté qu'on supposera générale ; s'il
le croit nécessaire à sa cause, ce parti appellera
les baïonnettes à son secours, il provoquera des
séditions et la guerre civile.

ROUSSEAU.

Le plus grand avantage du gouvernement représentatif est de pouvoir profiter du progrès des
lumières, en se conformant à l'opinion publique.

PRUDENT.

Sans doute le gouvernement représentatif est
plus propre que les autres à faire connaître les
besoins des peuples, et à profiter des progrès
de la raison que l'opinion des sages signale ;
mais ne confondons pas, je vous prie, cette
opinion avec cette fausse sœur qui voudrait
en usurper les droits sous le titre d'*opinion publique*. L'une se forme lentement, dans le silence de la méditation : elle est modeste, cherche
à profiter des leçons de l'expérience, et ne se
manifeste qu'avec réserve, après avoir mûrement
examiné ; l'autre est emportée, téméraire, pré-
somptueuse, ennemie du doute, avide d'inno-
vations, bruyante : elle s'empare de la place
publique, de tous les points de réunions populaires ; comme elle a nécessairement pour elle
la multitude, qu'un grand nombre de journaux
sont à ses gages (g), qu'elle sait s'armer de pé-
titions, elle a bientôt réduit sa timide rivale au
silence. Bientôt, si on lui laisse prendre des
forces, elle devient un torrent presque irrésis-
tible. C'est cette prétendue opinion publique
dont la tyrannie est si dangereuse, qui a com-
mandé tant de crimes, à laquelle il est si indispensable de résister, que vous voudriez
cependant établir le ressort, le principe du
gouvernement, et c'est là où nous conduit

infailliblement et nous conduira toujours la souveraineté du peuple (*h*).

ROUSSEAU.

C'est du choc des opinions que jaillit la vérité;
il faut bien que le peuple ait du moins la faculté de dire sa pensée : la discussion en sera
plus parfaite, et le législateur sera aussi éclairé
qu'il peut l'être.

PRUDENT.

La liberté des opinions est la loi fondamentale
du gouvernement représentatif; c'est précisé-
ment la liberté de la discussion, cette liberté
d'opinion que je réclame, et qui, j'ose le dire,
est incompatible avec votre beau principe : en
effet, n'a-t-on pas vu des fractions impercep-
tibles de votre souveraineté, regardant sans
doute la souveraineté comme solidaire, distri-
buer publiquement, et d'une manière éclatante,
la louange ou le blâme aux coopérateurs de la
loi, suivant qu'ils avaient voté au gré de leurs
désirs, ou contrarié leurs vœux. Auriez-vous
le courage d'appeler cela du respect pour la
liberté des opinions ?

PAYNE.

Il est du moins bien juste que le peuple puisse
témoigner sa reconnaissance à ses amis.

PRUDENT.

Disons plutôt qu'il ne lui est que trop facile
de prendre ses flagorneurs pour ses amis. Ses

vrais amis sont ceux qui veulent lui donner un gouvernement stable et conjurer l'anarchie ; ses vrais amis sont ceux qui lui disent que la loi doit être méditée, qu'il n'appartient pas à tous de savoir l'apprécier et d'en bien juger ; mais ce n'est pas là le langage des sages à la mode, qui prétendent qu'elle doit être l'œuvre de la volonté générale ! Vous ne pouvez manquer de voir qu'avec un tel ordre de choses votre gouvernement représentatif est la démocratie la plus complette (1).

PAYNE.

Point du tout : l'influence que cela donnerait au peuple sur la législation, ne lui conférerait pas pour cela la puissance exécutive.

PRUDENT.

Eh ! bon Dieu, comment ne voyez-vous pas que la puissance exécutive sera également à sa discrétion, tant qu'il pourra changer la loi fondamentale qui l'établit : la souveraineté du

---

(1) Cet appel au peuple, ou plutôt cette critique qui lui est déférée, serait peut-être une chose assez indifférente, si tous les législateurs étaient des stoïciens parfaits ; elle ne serait pas toutefois très-nuisible à la chose publique. Mais l'homme juste et inébranlable dans ses desseins, dont Horace nous a donné un si belle idée, n'est malheureusement que trop rare : et qui ne sent pas que la tyrannie d'un pareil usage est extrémement dangereuse.

peuple envahit et la législation et le gouvernement (1).

ROUSSEAU.

Mais enfin notre théorie n'est que la loi de
la pluralité des suffrages, qui est le principe de
tous les gouvernemens du monde.

PRUDENT.

Si nous pouvions connaître au juste l'histoire
des différens peuples, leurs révolutions, nous
verrions, en suivant les développemens de la
civilisation, qu'à chaque pas qu'elle a faits,
la raison publique a conduit chaque nation à
renforcer l'autorité, et par conséquent à la
concentrer. Originairement des bergers, des
agriculteurs, occupant des terrains contigus,
conviennent d'unir leurs efforts contre les per-

---

(1) Rousseau n'a pas l'air de s'en douter : il définit les
trois principaux gouvernemens, les divise et sous-divise
avec sa sagacité ordinaire, et tout en témoignant son in-
clination pour une aristocratie élective, et son dégoût,
son aversion pour la monarchie, il fait marcher le tout
de front avec la souveraineté du peuple ; il n'a pas l'air
de soupçonner qu'en excitant le désir de dominer, si naturel au cœur de l'homme, l'ambition doit chaque jour
donner une face nouvelle à ses innombrables cités ; il
édifie son système avec la même confiance qu'il intro-
duit le brûlant Saint-Preux auprès de la sensible Julie
d'Etang, baronne de Volmar, pour disserter avec elle
sur la beauté de la vertu. Nous ne saurions trop admirer
certains politiques spéculatifs !

turbateurs de l'ordre publique, et de régler par
des statuts les rapports de voisinage, et leurs
relations journalières; ils ont tous pour y concourir un droit égal. Le gouvernement démocratique semble avoir suivi la monarchie paternelle : ces associés bientôt occupent, avec leurs
descendans, un terrain considérable, l'autorité
se trouve presque nécessairement conférée à la
prudence des chefs de famille par l'inexpérience
des jeunes gens, qui de leur côté veillent et
s'arment à l'occasion pour l'intérêt commun ;
c'est l'aristocratie naturelle. D'après les lois qui
règlent la transmission de la propriété, l'amour
du repos, la paresse, l'intempérance, la débauche privent plusieurs des associés de la leur ;
on sent l'inconvénient de confier la conduite des
affaires communes à des hommes qui n'ont pas
su gouverner les leurs : on choisit des magistrats
parmi les anciens, on est arrivé à l'aristocratie
élective. Enfin, la population de plus en plus
accrue exploite un vaste territoire, le nombre
des prolétaires augmente, les passions sociales
s'irritent en raison de l'accroissement des richesses, résultat nécessaire du perfectionnement
des arts ; la nécessité de recourir fréquemment
à l'autorité ne se concilie plus avec les retards
que demandent le temps nécessaire pour en
réunir les dépositaires, et la lenteur des déli-

bérations, les relations extérieures sur-tout exigent qu'il soit à chaque instant imprimé un mouvement prompt et combiné, aux élémens de la force publique disséminés sur un grand espace, et devant obéir à un seul chef : la concentration monarchique est devenue indispensable. Le dépôt des lois, qu'il faut se garder de remettre à l'inconstance du peuple, peut être confié à un certain nombre de sages, s'occupant, dans le silence de la méditation, des changemens que pourront demander des circonstances nouvelles, et s'éclairant réciproquement au flambeau de la discussion ; mais l'exécution doit être confiée à un seul moteur. Dans la machine sociale, la puissance doit s'accroître en raison des frottemens et de la résistance. Le gouvernement d'un seul est donc nécessaire à une civilisation avancée : cette vérité est professée par les publicistes anciens et modernes ; elle est proclamée par l'auteur du *Contrat social*. Comment n'a-t-elle pas été sentie par un homme d'un aussi grand sens que Payne, et qu'il ait pu confondre les peuples naissans, arrosant de leurs sueurs les vastes latitudes de l'Amérique septentrionale, avec notre mélange effrayant d'opulens oisifs et de nécessiteux fainéans, qui produit une fermentation d'où sortent toutes les impuretés, tous les crimes ; ainsi je ne nie pas que votre gouvernement populaire n'ait dû régner dans l'enfance des peuples, mais que vos institutions simples puissent s'adapter à une civilisation avancée : prétendre le contraire, c'est vouloir joindre des choses inconciliables, la candeur de l'adolescence avec la corruption de la cupidité et de la débauche ; c'est lutter contre la force des choses.

ROUSSEAU.

Vous ramènerez l'âge d'or des peuples en rappelant les gouvernemens primitifs.

PRUDENT.

Il faudrait pour cela faire retourner la civilisation en arrière, mais la civilisation ne rétrograde pas. Les novateurs auront beau appeler de tous leurs vœux une égalité qui n'exista jamais, ils ne parviendront point à produire ce beau phénomène. Comment au reste voulez-vous que nos estomacs accoutumés aux viandes cuites assaisonnées d'épices, et aux liqueurs fermentées, se remettent au gland cru et à l'eau ? Comment exiger que des hommes qui ne peuvent dormir que sur le duvet, dans des alcoves bien fermées, aillent coucher à plate terre dans des cavernes ouvertes aux vents ? Vous ne pourrez pas même ramener la société à cet état où je vous ai présenté des laboureurs et des bergers faisant les premières lois ; au contraire les rafinemens, enfans des

arts, iront toujours croissant, nos inégalités
resteront, et avec elles l'énergie des passions
qui en est inséparable, et auxquelles vous serez
obligés d'opposer une répression proportion-
née, ou votre gouvernement sera insuffisant
et éphémère. Les combinaisons les plus sa-
vantes, les contre-poids en apparence les plus
sagement combinés, ont échoué; ils ont dis-
paru comme une ombre, lorsqu'ils n'ont pas
été en harmonie avec les mœurs d'un peuple;
c'est ainsi que nos constitutions, depuis 1791,
se sont évanouies comme un songe. J'en re-
viens à dire que la force motrice doit être en
rapport avec les frottemens qu'elle doit vaincre :
ce principe appliqué à la morale politique est
susceptible de la même démonstration que lorsqu'il l'est à la mécanique.

ROUSSEAU.

C'est-à-dire, que vous prétendez que chaque
période de civilisation doit avoir son gouvernement particulier.

PRUDENT.

C'est ce qu'a équivalemment établi Montesquieu, en disant d'abord que le climat et la
nature gouvernaient seuls les sauvages (1); en
présentant le pays le plus fertile, le plus popu-
leux, le berceau de la civilisation, comme soumis

---

(1) Esprit des Lois, liv. xix, chap. 4.

au gouvernement le plus absolu, et ensuite en
montrant les rapports des lois, des peuples, avec
la façon dont ils se procurent la subsistance, tellement marqués, que ceux qui ne cultivent pas
la terre, et qui n'ont pas l'usage de la monnaie,
jouissent d'une grande liberté (1). Mably a établi le même dogme d'une manière encore plus
expresse (je me plais à vous opposer cet auteur,
parce qu'il est un de vos zélateurs les plus fer-
vens). Il a dit : « Je ne puis trop le répéter, à
« mesure que les mœurs se relâchent, les lois et
« le pouvoir doivent être plus resserrés, et le
« gouvernement confié à moins de mains. En
« effet, ne voit-on pas clairement dans toutes
« les révolutions des Etats, qu'une démocratie
« corrompue les conduit malgré eux à l'aristo-
« cratie, et que ce gouvernement, à son tour,
« devient oligarchique pour finir par la monar-
« chie (2) ».

Les conséquences de ce principe l'ont forcé
de se contredire de la manière la plus expresse :
il s'était élevé contre les magistratures héréditaires dans son *Traité des Droits et des Devoirs du Citoyen* (3), et on lit textuellement

---

(1) Esprit des Lois, liv. xviii, chap. 8, 14 et 15.
(2) Observations sur les Etats-Unis d'Amérique, iie
lettre.
(3) *Ibidem*, iie et iiie lettres.

dans ce traité même : « Si les Français et les
« Anglais n'avaient pas chez eux une maison
« privilégiée qui occupe la première place dans
« la société, soyez bien sûr que l'Etat, déchiré
« par les divisions, les haines, l'ambition, la
« rivalité, les intrigues, et les factions de quel-
« ques familles considérables, aurait bientôt un
« despote; nous éprouverions infailliblement le
« sort de la république romaine, nous aurions
« nos Sylla, nos Marius, nos Crassus, nos.....
« Dans des nations riches, puissantes et répan-
« dues dans de grandes provinces, on ne peut
« pas avoir la modération bourgeoise qui est
« l'âme et l'appui de la liberté (1) ».

Notre auteur avait proclamé la souveraineté
du peuple (2); il avait soutenu que l'égalité
dans la fortune et la condition des citoyens,
est une condition nécessaire à la prospérité des
Etats (3), et, dans ses observations sur les
Etats-Unis d'Amérique, il blâme la constitution
de Pensylvanie comme trop démocratique (4),
il préfère le gouvernement de Massachussets,
et cela parce que la civilisation est trop avancée
dans ces provinces pour comporter la démo-

---

(1) Droits et Devoirs du Citoyen, lettre VII, à la fin.
(2) *Ibidem*, lettre III.
(3) Traité de la Législation, liv. I, chap. 2.
(4) Observ. sur les Etats-Unis d'Amérique, lettre II.

cratie, « qui, dit-il, demande beaucoup de
« mœurs, et ne peut subsister que dans une
« petite république comme celles de l'ancienne
« Grèce (1) ».

PAYNE.

L'histoire moderne et même l'état présent
de l'Europe, nous fournissent des exemples qui
contredisent votre doctrine. Vous avez vu la
Hollande, regorgeant de toutes les richesses de
la civilisation la plus avancée, fleurir naguère
sous un gouvernement populaire; vous voyez
la Suisse, au milieu de la civilisation la plus
élevée, jouir aujourd'hui du même avantage.

PRUDENT.

Il n'est point de règle sans exception, et
cependant les exemples que vous présentez ne
sont pas propres à établir ici une exception.
La simplicité des mœurs chez les Suisses, qui,
dans leurs montagnes, sont plutôt bergers
qu'agriculteurs, plutôt également pauvres que
présentant une grande inégalité de fortunes;
le retour violent au stathoudérat de la part
des Hollandais, qui par-là, malgré leur caractère froid et mesuré, ont été obligés de
rendre hommage au principe que j'ai main-

---

(1) Livrez-vous donc, peuples, à ces politiques de
cabinet qui sont si rarement d'accord entre eux, et qui sont
dans une contradiction perpétuelle avec eux-mêmes !

4

tenu ; ces faits, dis-je, confirment ma doctrine
loin de l'affaiblir.

ROUSSEAU.

Ainsi l'état de nos mœurs, le degré de civilisation où nous sommes arrivés, appellent le
despotisme des Etats d'Orient, et sont incompatibles avec le gouvernement représentatif.

PRUDENT.

Je suis loin de dire cela. Le gouvernement représentatif ne diminue pas la célérité d'exécution
qui caractérise la monarchie, et en augmente la
force coërcitive loin de la diminuer. Je parle ici
du gouvernement représentatif bien entendu,
où la liberté des opinions est sacrée, et non de
celui qui serait maîtrisé par la souveraineté du
peuple, et dans lequel une poignée de mécontens est toujours disposée à souffler le feu de la
sédition, et à appeler à son secours la force et
les baïonnettes.

ROUSSEAU.

Je vais vous prouver que votre doctrine nous
conduit en ligne droite au despotisme le plus
décidé. Si le peuple n'a ni le droit de faire,
ni celui de revoir ses lois, vous lui refuserez
sans doute celui de surveiller ses magistrats,
qui dès lors n'auront de règle que leur volonté.

PRUDENT.

Notre charte à cet égard devrait vous satis-
faire : c'est au Roi seul que doivent rendre

compte de leur conduite les agens supérieurs qu'il a établis; mais cela ne les empêche pas d'être responsables des abus d'autorité qu'ils pourraient se permettre, et ils peuvent être poursuivis par les délégués du peuple, devant une cour si élevée et si indépendante qu'elle doit être à l'abri de tout soupçon.

ROUSSEAU.

Quoi que vous disiez, vos Chambres ne sont pas incorruptibles, leurs membres ne ressortissent, en quelque sorte, que d'elles-mêmes, et si la majorité se laisse séduire que deviendra la liberté.

PRUDENT.

Ce que vous dites là ne peut raisonnablement se supposer : des hommes d'une fortune en quelque sorte à l'abri des coups du sort, dans une situation au-dessus de toute ambition, n'écouteront que l'honneur; le besoin qu'ils ont de l'estime publique et l'opinion sont là pour les empêcher de s'égarer.

ROUSSEAU.

Ils peuvent céder à des vues personnelles.

PRUDENT.

Si cela était possible, je vous dirais que nous en serions arrivés à une difficulté semblable à celle qui arrête les bons philosophes indiens dans leur système de cosmogonie : ils ont bien trouvé que le monde était porté sur un éléphant, et que cet éléphant était lui-même porté sur une tortue, mais ce leur a été un embarras extrême, lorsqu'il leur a fallu dire sur quoi cette tortue était supportée....... Ils pouvaient bien résoudre, me semble, qu'elle était suspendue dans l'immensité de l'espace par la volonté de l'auteur des choses : il fallait recourir à l'autorité de Dieu et se jeter dans les bras de la Providence.

PAYNE.

Vous nous prêchez le fatalisme.

PRUDENT.

Ce que je vous ai dit prouve le contraire ; mais quand on a employé toutes les mesures que peut prescrire la sagesse, il faut bien avoir recours au ciel. Quoi qu'on fasse, il faut qu'il y ait un pouvoir qui ne relève que de Dieu : chez nous le Roi seul est inviolable, et cette exception est fondée sur la raison, sur la justice et sur l'expérience ; sur la raison qui nous crie que le Roi ne peut être à la fois Roi et justiciable du peuple, sans rendre son autorité précaire et le mettre en butte à la malignité de tous les scélérats ambitieux, ayant quelque crédit ; sur la justice qui nous dit qu'un prince, environné de toutes les séductions, peut se tromper sans être coupable ; et enfin sur l'expérience qui nous démontre qu'un peuple ne s'attribue pas un jugement qui n'appartient qu'à Dieu, sans que cette usurpation lui soit funeste. Cette inviolabilité qui est chez nous une maxime antique, a été proclamée par l'assemblée dont vous avez invoqué l'autorité (1).

PAYNE.

Aucun magistrat ne doit être inviolable : le président des Etats-Unis d'Amérique est lui-même responsable; la constitution donne le moyen particulier de le juger.

PRUDENT.

Je le sais : le sénat a ce pouvoir, et ce corps doit être alors présidé par le grand-juge. Qu'en résulte-t-il? qu'au lieu d'un magistrat inviolable, vous en avez quarante-huit. En effet, juges de tous les *impéachemens* les sénateurs ne ressortissent ainsi que d'eux-mêmes. Il y a beaucoup plus lieu de craindre qu'ils ne se laissent gagner, que s'ils étaient surveillés par un magistrat unique, ayant le plus grand intérêt à maintenir, dans toute leur pureté, les principes d'une constitution qui ferait sa gloire. Comme l'a fort bien dit l'auteur du *Traité de l'Etude de l'Histoire*, cent magistrats corrompus n'en valent pas un qui aurait de la probité (2).

PAYNE.

Qui pourrait séduire le sénat, si ce n'est le président lui-même, qui n'en n'a pas les moyens. Il n'en n'est pas de même de vos Rois d'Europe.

---

(1) Ajoutons que l'inviolabilité du Roi ne peut d'ailleurs avoir d'inconvéniens, toutes ses ordonnances devant être contre-signées par des ministres responsables.

(2) Mably, 11ᵉ partie, chap. 2.

PRUDENT.

Un Roi qui, pour me servir de l'expression de
Gudin (parlant de la constitution anglaise (1)),
est regardé comme un Dieu, n'a point intérêt
de corrompre, et il a au contraire le plus grand
intérêt à empêcher que l'or de l'étranger ne fasse
des ravages... Quand les Lacédémoniens, trouvant insuffisante la garantie du sénat contre
la puissance de leurs Rois, eurent établi cinq
éphores, ceux-ci s'emparèrent bientôt de l'autorité; ils en vinrent au point, vous le savez, de
faire égorger sans jugement le roi Agis : il eût
donc été nécessaire de leur nommer des surveillans à eux-mêmes. Si vous vouliez pour surveiller
vos Chambres établir des tribunaux nouveaux,
ceux-ci demanderaient bientôt des surveillans à
leur tour; vous tourneriez dans un cercle vicieux.
Par la nature de la chose, il est impossible, ré-
pétons-le, qu'il n'y ait pas un pouvoir qui ne soit
responsable qu'à Dieu seul (2). Chez nous, encore une fois, il n'y a que le Roi qui soit dans ce

---

(1) Supplément au Contrat social.

(2) « Les Romains étaient admirables : on pouvait faire
« rendre à tous leurs magistrats raison de leur conduite,
« excepté aux censeurs....... A Athènes, les logistes qui
« pouvaient faire rendre compte à tous les magistrats, ne
« rendaient point compte eux-mêmes. » *Esprit des Lois*,
liv. v, chap. 8.

cas, la Chambre haute connaît au reste du crime
de haute trahison et des attentats à la sûreté de
l'Etat, sans distinction de personne. On sent que
hors de-là il est impossible de descendre dans la
conscience d'un pair, d'un député, et de lui demander compte de ses opinions.

ROUSSEAU.

Ainsi les Rois pourront faire des guerres injustes, gorger d'or, pressuré sur les malheureux,
des favoris et des maîtresses, et excéder les peuples d'impôts, sans qu'ils puissent s'en plaindre.

PRUDENT.

Vous sentez trop que sous un gouvernement
modéré comme le nòtre, cela n'est pas possible (*i*); mais, si cela pouvait jamais arriver, je
ne pourrais que vous répéter : Faites vos efforts
pour fléchir le ciel et le monarque ; ce serait
commencer par fouler vous-même toute justice
aux pieds, que de vouloir juger de l'exécution
des engagemens que le prince s'est imposés en
montant sur le trône ; ce serait vouloir changer
la nature des choses que de faire votre Roi votre
justiciable : si vous croyez à la Providence, re-
posez-vous sur elle de votre vengeance (1).

___

(1) Sans doute la punition des tyrans doit être dans les
vues de la Providence comme dans les intérêts des peuples ; mais c'est à elle à juger s'il lui convient de les punir
par les agitations de leur cœur, ou par une catastrophe

PAYNE.

Encore une fois, c'est-là de la superstition pure!

PRUDENT.

Vous voyez au contraire, je le répète, que je ne m'appuie que sur la raison : je ne vous oppose que la force des choses (1).

---

qui les renverse violemment du trône. Si les peuples considèrent combien leurs méprises à cet égard peuvent leur être funestes, ils se conformeront toujours au conseil de Tacite : « *Les peuples peuvent adresser des vœux au ciel* « *pour en avoir de bons princes, mais ils sont tenus de les* « *supporter quels qu'ils soient* ». Ce qui donne de la profondeur à ce mot, c'est que les peuples peuvent toujours raisonnablement douter si la Providence ne leur a point donné un mauvais Roi pour les châtier, comme il les punit quelquefois en leur enlevant un bon prince par une mort prématurée.

(1) C'est évidemment faute d'examen qu'on regarde les Rois comme ayant besoin du bouclier de la religion révélée, contre les entreprises des peuples, tandis qu'il leur suffit d'invoquer les premières règles de la justice. On ne saurait trop se pénétrer de cette vérité. La conduite d'un prince peut n'avoir que l'apparence de la tyrannie, et vous ne pouvez pas être juge et partie. Barbeyrac parle du cas où un Roi attenterait à la vie de son sujet; il valait mieux imiter Solon et regarder cette atrocité comme impossible. Il est hors de doute que la religion catholique repousse de la manière la plus victorieuse la doctrine des novateurs; mais on ne peut l'opposer qu'à ceux qui sont éclairés des lumières de la foi : les instigateurs de mouvemens populaires, ni ceux qui se prêtent à ces mouvemens, ne sont guère dans ce cas-là.

ROUSSEAU.

L'auteur du *Contrat social* a trouvé le mot de cette énigme. Vous prétendez que l'inauguration d'un Roi est un contrat passé entre lui et ses sujets, et alors, comme il l'a bien dit, les parties contractantes seraient sous la seule loi de nature (1); mais non, c'est une simple commission révocable à volonté : il n'est pas besoin de le juger pour le révoquer.

PRUDENT.

Ce que Rousseau a dit là est mille fois révoltant : c'est vouloir que la même chose soit et ne soit pas, que de reconnaître que le repos public demande qu'il soit établi un Roi héréditaire, et de prétendre qu'on le changera néanmoins suivant son caprice. C'est vouloir que la même chose soit et ne soit pas, que de vouloir qu'un gouvernement soit ferme et stable, et qu'il soit en même temps soumis à la volonté la plus mobile, la plus versatile. Rousseau a rappelé ici le mot de Cicéron : *Il n'y a rien de si absurde qui n'ait été dit par quelque philosophe* (2). Qui

---

(1) Contrat social, liv. III, chap. 16.

(2) Comment d'ailleurs Rousseau n'a-t-il pas vu qu'il proposait l'expédient le plus cruellement injuste ? Il en est de la condition des Rois comme des autres conditions : elles font contracter des habitudes morales, une manière d'être à laquelle il est mille fois pénible de renoncer pour

ne voit au contraire le contrat le moins équivoque et le plus auguste dans l'acte par lequel une nation remettrait la direction de la puissance publique à un prince qui, en face du ciel, contracte, pour lui et ses descendans, l'engagement de n'en user que pour le plus grand bien de tous; mais j'opposerai ici l'auteur du *Contrat social* à lui-même.

Dans son *Discours sur l'Origine de l'Inégalité des Conditions*, il traite la question si le droit d'abdiquer de la part des Rois n'emporte pas celui, de la part des sujets, de faire cesser leur soumission, et il dit : « A ne considérer, « comme nous faisons, que l'institution hu- « maine, si le magistrat qui a tout pouvoir en « main, et qui a tous les avantages du *contrat*, « avait pourtant le droit de renoncer à l'auto- « rité, à plus forte raison le peuple, qui paie « toutes les fautes des chefs, devrait avoir le « droit de renoncer à leur dépendance ; *mais les* « *discussions affreuses, les désordres infinis* « *qu'entraînerait nécessairement ce dangereux*

---

déchoir. Déposer les Rois injustement, les exposer à devenir la dérision de leurs sujets, l'objet d'une orgueilleuse pitié chez les peuples étrangers, c'est l'outrage le plus sanglant, la plus révoltante des injustices. C'est pour punir de semblables atrocités que la guerre civile, la famine, la tyrannie sont des fléaux à la disposition du ciel.

« pouvoir, montrent plus que toute autre chose,
« combien les gouvernemens humains avaient
« besoin d'une base plus solide que la seule
« raison, et combien il était nécessaire au repos
« public que l'autorité divine intervint pour
« donner à l'autorité souveraine un caractère
« sacré et irrévocable, qui otât aux sujets le
« funeste droit d'en disposer. Quand la reli-
« gion n'aurait fait que ce bien aux hommes,
« c'en serait assez pour qu'ils dussent la chérir
« et l'adopter même avec ses abus, puisqu'elle
« épargne encore plus de sang que le fanatisme
« n'en fait couler ».

Voilà où conduit un amour-propre désor-
donné, le besoin de dire des choses nouvelles,
à se contredire soi-même de la manière la plus
palpable (1).

____

(1) Reconnaissons, avec Rousseau, que la religion défend de *toucher aux oints du Seigneur*; mais ajoutons que
la seule raison s'oppose à ce qu'en instituant la propriété
et en fondant un gouvernement pour la protéger, on
établisse la maxime que les prolétaires auront le droit
d'anéantir ce gouvernement, et de lui en substituer un
autre qui réclame une autre division de la propriété, ni
même qu'ils auront le droit de révoquer le magistrat suprême qui leur agréera d'autant moins qu'il remplira
mieux le but de l'institution; or, comme nous le prou-
verons, la souveraineté du peuple n'est rien, ou elle est
commune aux prolétaires comme aux autres.

ROUSSEAU.

Il est contre la tyrannie un remède dont vous ne parlez pas : lorsque les droits du peuple sont violés, l'insurrection est le plus sacré des droits.

PAYNE.

Et le plus indispensable des devoirs.

PRUDENT, à Payne.

Vous avez apparemment oublié, Monsieur, qu'au nombre des attributs du Congrès américain sont ceux d'*assembler la milice, d'exécuter les lois de l'union et d'éteindre les insurrections* (1); c'est vraiment une amère dérision d'exciter le peuple à s'insurger contre le gouvernement, quand on sait que le gouvernement a le pouvoir, et que c'est pour lui un devoir d'exterminer ceux qui usent de ce droit prétendu.

(*A tous les interlocuteurs*). « Les Crétois, « pour tenir les premiers magistrats dans la dé- « pendance des lois, dit Montesquieu, em- « ployaient un moyen bien singulier, c'était « celui de l'insurrection. Une partie des ci- « toyens se soulevait, mettait en fuite les ma- « gistrats, et les obligeait de rentrer dans la « condition privée. Cela était censé fait en con- « séquence de la loi. Une institution pareille « qui établissait la sédition, pour empêcher l'a-

____

(1) Constitution fédérale, section 8.

« bus du pouvoir, semblait devoir renverser
« quelque république que ce fût; elle ne dé-
« truisit pas celle de Crète, voici pourquoi :

« Lorsque les anciens voulaient parler d'un
« peuple qui avait le plus grand amour pour la
« patrie, ils citaient les Crétois : la patrie di-
« sait Platon, *nom si tendre aux Crétois.* Ils
« l'appelaient d'un nom qui exprime l'amour
« d'une mère pour ses enfans : or l'amour de
« la patrie corrige tout.

« Les lois de Pologne ont aussi leur *insur-
« rection,* mais les inconvéniens qui en résul-
« tent font bien voir que le seul peuple de Crète
« était en état d'employer avec succès un
« pareil remède ».

Aujourd'hui, et dans l'état actuel de la civilisation, lorsque l'égoïsme le plus fâcheux isole
les hommes, que l'amour de l'argent le plus
effréné a chassé bien loin l'amour de la patrie,
vouloir appliquer un pareil remède, n'est-ce
pas placer sous l'édifice social un brandon plus
enflammé et plus inextinguible que le feu gré-
geois. Les démagogues de 1793 osèrent, il est
vrai, proclamer votre maxime dans une constitution qui à peine dura quelques mois; ils
surent bien en neutraliser l'effet, en usurpant le
despotisme le plus exterminateur qui ait jamais
stupéfié la terre.... Si, comme je vous l'ai dé-

montré, il ne peut appartenir au peuple de juger ses Rois, comment pourriez-vous investir de ce droit effrayant le premier brouillon, qui, né avec des passions fortes, voudra rassembler cette tourbe immense d'hommes oisifs, qui déjà est une plaie si fâcheuse pour la société.

ROUSSEAU.

Ainsi les peuples de l'Europe sont la propriété d'une douzaine de familles, comme de vils troupeaux appartiennent à leurs maîtres !

PRUDENT.

C'est abuser des mots et confondre toutes les idées, que d'assimiler les rapports de protection et de tendresse, l'union réciproque qui se trouvent entre un monarque et ses sujets, et les rapports de propriété qui existent entre le maître d'un quadrupède et cette bête de somme.

PAYNE.

Quelque spécieuses que soyent les raisons dont vous colorez votre doctrine, elle est servile et monstrueuse. Le peuple peut non-seulement changer ses Rois, mais il peut même changer sa constitution. Une constitution est une propriété nationale, elle appartient à tous également, et vous voulez interdire à une nation le droit de soigner, d'améliorer cette propriété. Une constitution essentiellement vicieuse aurait, suivant vous, l'inflexibilité des arrêts du destin.

PRUDENT.

Ne vous ai-je donc pas démontré qu'une civilisation avancée demandait impérieusement le
pouvoir monarchique. Vous lisez au reste dans
tous les publicistes qu'il est dans l'institution des
gouvernemens et des Rois, une clause tacite:
c'est qu'ils useront de leur pouvoir pour le bonheur de leurs sujets. Un Roi qui n'écouterait que
l'intérêt de ses passions, amènerait presque nécessairement des révolutions qui lui seraient
funestes. Le corps entier de l'histoire en est une
preuve. Je puis vous citer entre autres celle des
empereurs romains dans le siècle des Caracalla,
des Héliogabale ; celle plus moderne des deys
d'Alger. C'est donc évidemment à un Roi qu'il
appartient de profiter du progrès des lumières
pour améliorer une constitution ; mais ce serait
établir une mine sous notre maison que de poser
en principe qu'il appartient au peuple de disposer à son gré de son gouvernement et de ses
magistrats : c'est sur-tout le droit de la Providence, qui tient dans ses mains et les peuples et
les Rois.

ROUSSEAU.

Vous voilà encore venu au gouvernement de
Dieu !

PRUDENT, à Rousseau.

Cette intervention de la Providence ne devrait
pas, Monsieur, vous paraître si extraordinaire.

puisque vous êtes imbu des principes du *Contrat social* et d'*Émile*. Je puis vous rappeler à la Profession de foi du vicaire savoyard, et au chapitre de la Religion civile. J'aurais demandé à monsieur Rousseau lui-même, pourquoi il a prouvé si éloquemment qu'il existe une Providence, pourquoi il a exigé si impérieusement que l'homme en société y croie, s'il veut qu'elle ne se mêle en rien des affaires de ce monde (1)?

PAYNE.

Vous convenez qu'un peuple a droit d'être gouverné d'une manière qui le rende heureux : si sa constitution ne remplit pas cet objet, il faut en conclure qu'il a droit de la changer.

PRUDENT.

Un peuple, dites-vous équivalemment, a le droit d'être heureux! C'est bien essentiellement à Dieu qu'il appartient d'en juger, et de lui impartir le degré de bonheur qu'il mérite. Un peuple a le droit de changer une constitution qui ne le rend pas heureux! Encore une fois

---

(1) C'est vraiment quelque chose d'inconcevable, redisons-le, que l'inconséquence des partisans de la souveraineté du peuple. Rousseau, Mably se plaisent à exalter les soins empressés de la Providence, et suivant eux la tyrannie aurait envahi la terre. D'après la doctrine du *Contrat social*, il n'existerait pas un gouvernement qui ne fût illégitime, sans en excepter ceux de la Suisse et des Etats-Unis d'Amérique.

nous courons après une chimère, en voulant un bonheur sans mélange. Comment d'ailleurs pouvez-vous donner la qualification de *droit* (1) à l'effrayante faculté de se jeter dans une révolution, de courir les risques de sa dissolution, si tant est que le ciel abandonne au peuple cette faculté funeste ; mais il ne nous laissera tomber qu'autant que nous l'aurons mérité ! Dieu qui,

---

(1) J'adresse à la raison des peuples ce simple syllogisme. Il est incontestablement dans votre intérêt d'avoir un gouvernement qui soit respecté, car sans cela il ne saurait remplir le but de son institution : or si au lieu de regarder vos Rois comme des dons de la Providence qui règle toutes choses, vous adoptez la maxime insensée que vous pouvez les déposer à volonté, il est impossible qu'ils soyent respectés (*) : on ne respecte point un intendant, qu'on change suivant son caprice. La conséquence qui sort de ces prémisses est trop évidente..... Les novateurs insistent ; ils disent aux peuples : C'est un *droit* qui vous est inhérent que de pouvoir changer de volonté ; *vous ne pouvez vous lier.* La question se réduit ici à savoir si les peuples peuvent avoir un *droit* en opposition directe avec l'institution de tout gouvernement, avec leur intérêt le plus pressant.

(*) Rousseau a si bien senti cela, qu'il applaudit aux fondateurs des empires, présentant leurs codes comme des émanations du ciel ; il regarde même cette invocation de Dieu comme nécessaire (liv. II, chap. 7). Il veut bien d'un autre côté révéler aux peuples que ce sont là d'insignes fourberies qu'ils doivent fouler aux pieds ! Quelle politique ! quelle inconséquence ! N'était-il pas plus simple, plus naturel de dire que les phases du monde moral, comme celles du monde physique, sont le fait de la Providence.

en disposant suivant sa volonté les circonstances dans lesquelles il nous place, a tant d'influence sur nos déterminations individuelles,
en a bien davantage encore sur le concours des
volontés d'une nation, si peu nombreuse qu'elle
soit. La Providence serait un vain nom, si elle
n'était pas l'amie de l'ordre social; elle ne peut
permettre qu'il soit troublé qu'autant qu'elle le
juge à propos pour punir une grande corruption
de mœurs (1), ou des fautes graves en politique.

PAYNE.

Les peuples se seraient donné des chaînes à
eux-mêmes! car ce sont bien les peuples qui
ont institué les gouvernemens; la conséquence
est directe.

---

(1) Le despotisme des Etats de l'Orient ne semble-t-il
pas venir à l'appui de cette grande vérité? Peut-on s'é-
tonner que des hommes qui font gémir dans l'esclavage
le plus affreux la plus belle portion de l'espèce humaine,
languissent eux-mêmes sous le joug de la plus pesante
oppression. Je n'ignore pas ce que Montesquieu a dit
pour justifier l'esclavage des femmes dans le midi de
l'Asie; mais il a été combattu par des auteurs graves,
notamment Buffon, qui dit : « Un homme ne doit avoir
« qu'une femme... Ce ne peut donc être qu'en s'éloignant
« du droit naturel, et par la plus injuste tyrannie, que
« les hommes ont établi des lois contraires. La raison,
« l'humanité, la justice reclament contre ces sérails odieux
« où l'on a sacrifié à la passion brutale, etc. » Tome IV,
pag. 457, quatrième édition, in-12.

PRUDENT, à Payne.

Celle que vous en tirez est au contraire on
ne peut plus fausse. J'ai déjà plusieurs fois ré-
pondu à cette objection ; c'est lutter contre la
nature des choses que de faire remonter l'autorité vers sa source ; c'est vouloir rentrer dans le
chaos d'où l'on est sorti (1). La puissance publique n'étant que l'accumulation dans une ou
plusieurs mains des forces individuelles, c'est
bien évidemment résister à la force des choses,
que de vouloir maintenir cette puissance, et
de la faire refluer vers les individus dont elle
émane. Il en est de presque toutes les nations,
de presque tous les gouvernemens, comme de
la plupart des villes : celles-ci n'ont pas été

---

(1) Ceci me donne occasion de rappeler une naïveté
qui est échappée à Mably dans son Traité de la Législation, liv. 1er, ch. 1er, il dit : « En vérité, Milord, c'est
« un grand bonheur que l'empire de nos caprices ne
« s'étende pas sur l'ordre des saisons, nous n'aurions pas
« manqué de tout gâter, et Dieu sait si à force de tout
« arranger à notre fantaisie, le monde ne serait pas rentré
« dans le chaos. »

Quand Jupiter (pour parler le langage de la cosmogonie d'Hésiode), eut tiré le monde du chaos par sa volonté unique et ordonnatrice, s'il eût donné à chaque
élément la faculté de se mouvoir à sa volonté, qui ne
voit que les ténèbres primitives, la confusion eût bientôt
recommencé.

faites d'un jet. Si, par suite de votre esprit de nivellement, vous voulez démolir les édifices qui les composent, pour les bâtir uniformément et sur un plan régulier, voyez combien de malheureux vous allez faire, combien de désordres vous allez causer. Considérez que nous ne serons d'accord ni sur le terrain que chaque maison devra occuper, ni sur la manière de la construire, ni même sur ceux qui doivent donner leur avis, soit sur la fixation de ce terrain, soit sur le plan à suivre ; c'est-à-dire que, suivant l'expression de Bossuet, vous aurez ébranlé les fondemens de la terre. Ah ! c'est ici sur-tout que se montre le vide de vos théories. Vous nous présentez la souveraineté du peuple comme propre à conjurer le déluge de maux dont il a plu à Dieu d'inonder la terre, sans doute pour la punir de ses désordres, et si nous voulons asseoir cette pierre angulaire des gouvernemens humains, nous parlons toute langue (1), nous éprouvons

---

(1) La souveraineté du *Contrat social* n'est pas celle du *Sens commun*, et celle-ci ne ressemble en rien à la souveraineté de Mably (*). La première, qu'on prétend

(*) « Mably dispense d'examiner les lois, tous ces hommes qui « n'ont qu'une espèce d'instinct, et que leur ignorance condamne « à n'avoir d'autre règle de conduite que l'autorité, l'habitude, « l'exemple. *Les gens d'esprit doivent faire entendre leur voix :* « leur concorde forme l'opinion qui n'est jamais sans force. »

(*Droits et Devoirs du Citoyen, lettre IV.*)

plus que jamais que nous avons besoin du gouvernement de la Providence.

ROUSSEAU.

Je crois, comme vous, à la Providence; mais
si vous convenez qu'elle ne doit pas nous empêcher de soigner nos affaires particulières, vous
conviendrez aussi qu'elle ne doit pas non plus
nous faire négliger les affaires générales.

PRUDENT.

Sans doute : celles-ci toutefois doivent être
plus spécialement l'objet de la surveillance de
Dieu : l'institution, la conduite des souverains
doivent sur-tout fixer ses regards. Cela ne doit
pas néanmoins nous faire dédaigner les mesures
que la prudence suggère : la raison dit aide-toi,
le ciel t'aidera. Je reconnaîtrai volontiers les
avantages du gouvernement représentatif; je
dirai même avec Mably : *Demander si un gou-*
vernement mixte est meilleur qu'un autre gou-
vernement, c'est demander si les passions sont

---

fondée sur la nature, ne peut exister sans une égalité que
la nature repousse : elle serait évidemment, si on pouvait la réaliser, la dissolution du corps social. La seconde,
qui est celle des vingt-quatre Etats-Unis d'Amérique, est
exclusive de la souveraineté générale : elle est différente
dans chacun de ces Etats, et, comme la troisième,
elle manque de base fixe, et prête à un arbitraire in-
défini.

aussi justes, aussi sages, aussi modérées que les lois (1).

PAYNE.

A quoi donc aboutit votre doctrine et votre homélie sur la Providence !

PRUDENT.

A avoir un respect plus profond pour des princes que nous devons, je le répète, regarder comme les lieutenans de Dieu ; à nous abstenir de les juger, puisqu'il appartient à lui seul de le faire ; à arrêter la main d'un forcené que j'accoutumerai à s'interdire un examen qui ne lui appartient pas. Si nous croyons à la surveillance de Dieu, nous attribuerons nos maux à nos vices, au lieu de les donner à un gouvernement en harmonie avec la civilisation ; nous fermerons l'oreille aux vociférations des partis, qui crieront toujours à la tyrannie dès qu'on refusera d'écouter leurs vœux indiscrets.

ROUSSEAU.

Avec votre soumission à la Providence, vous reconnaîtrez un usurpateur heureux pour le lieutenant de Dieu, et vous n'oserez lui résister !

PRUDENT.

Vous vous trompez étrangement ; je n'employerai pas contre lui une résistance intempes-

---

(1) Entretiens de Phocien, IIe, note 2.

tive, et qui me serait funeste sans être utile à mes concitoyens, mais je saurai lutter à propos.

PAYNE.

Vous avez reconnu qu'un usurpateur est quelquefois protégé, ou au moins toléré par la Providence.

PRUDENT.

Cela est vrai ; cependant je ne ressemblerai point au musulman qui regarde une victoire comme un jugement de Dieu. Un usurpateur ou ses descendans n'auraient à mes yeux de droits réels, qu'autant que le souverain légitime, ou ses successeurs avoués par la loi fondamentale, seront hors d'état d'exercer des reclamations.

ROUSSEAU.

Si nous nous étions laissés aller à cette lâche imbécillité qui voit la Providence partout, nous ne jouirions pas des avantages du gouvernement représentatif.

PRUDENT.

Je ne doute pas au contraire qu'ils ne fussent arrêtés dans ses décrets. Je ne vous rappellerai pas combien ils sont chèrement achetés ces avantages ; je ne comparerai pas l'état de chose ancien et l'état de chose nouveau : les lettres de cachet de 1788 et les firmans des cent mille despotes de 1793, que votre doctrine nous donnerait un juste sujet de craindre de voir se renouveler (*k*). J'aime à croire que le gouvernement représenlatif nous fera oublier nos souffrances ; mais j'ai la conviction intime que cela n'arrivera qu'autant que nous nous montrerons dignes de ce gouvernement, en professant le plus grand respect pour la liberté des opinions, qui est le premier fondement de ce système. Nous ne parviendrons à l'affermir ce gouvernement qu'autant que nous serons pénétrés de la frivolité de cette théorie qui vous égare, et avec laquelle la société n'est qu'un sable mouvant ; qu'autant que les législateurs, loin d'appeler le peuple à leurs débats, se respecteront assez pour lui dire que les lois demandent à être méditées ; que si le droit de reclamer ne peut être interdit à personne et doit s'étendre jusqu'aux matières législatives, chaque pétition doit commencer par une protestation de soumission, sans bornes, à la loi tant qu'elle sera maintenue, ou à celle qui doit intervenir. Sans cela, encore une fois, notre gouvernement n'est plus qu'une pure démocratie. L'auteur du *Contrat social* nous aura dit envain *qu'il est contre l'ordre naturel que le grand nombre gouverne, et que le petit soit gouverné* (1) ; le peuple en définitive maître du pouvoir législatif, le sera, par là même de la puissance exécutive, du gouvernement. Je n'a-

----

(1) Contrat social, liv. III, chap. 4.

jouterai qu'un mot : quand vous ne tiendriez aucun compte de la Providence, la raison vous interdirait de soumettre au caprice de la multitude, de l'être le moins capable d'en juger, une constitution en harmonie avec vos mœurs.

(*A MM. Rousseau et Payne*). Renoncez donc, de grâce, Messieurs, à de vains systèmes, qui, en minant l'autorité, porteraient nécessairement à la propriété le coup le plus funeste.

GRANDPRÉ.

Ce que vous dites là, monsieur Prudent, n'est pas sérieux : il est bien évident que quelque chose que nous décidions sur la souveraineté du peuple, à laquelle je ne tiens pas beaucoup, je vous le déclare, mes huit fermes qui contiennent bien l'une dans l'autre huit cents arpens, resteront une propriété bien légitime ; je les tiens de mes ancêtres : ils les ont payés, je puis vous le prouver, en bon argent comptant.

PRUDENT.

Non, monsieur Grandpré, je ne raille pas ; toutes les légitimités se tiennent : si vous mettez la pierre angulaire à la disposition du peuple, s'il y porte une main téméraire, dès-lors tout l'édifice s'écroule ; tous les offices, toutes les charges disparaissent, toutes les propriétés s'évanouissent, ou du moins deviennent incertaines. Je le répète, dans le système de la sou-

veraineté du peuple, avec une civilisation tant
soit peu avancée, la propriété ne tient qu'à un fil.

GRANDPRÉ.

Si les propriétaires du sol veulent s'entendre,
ils sauront bien maintenir l'ordre ; c'est à eux
sur-tout qu'appartient la souveraineté.

PAYNE.

Elle ne peut pas être réduite aux seuls propriétaires fonciers : les gouvernemens sont faits
pour les hommes et non pour la terre.

ROUSSEAU.

Je ne souffrirai pas qu'on réduise à l'état
d'ilotes les dix-neuf-vingtièmes de la population.

PRUDENT.

La souveraineté des seuls propriétaires du sol
est sujette à contestation comme les autres : la
fixation de la limite où elle doit s'arrêter serait
seule une source de discussions inépuisables : il
est d'ailleurs facile de démontrer son injustice.
En effet, la souveraineté du peuple n'est rien,
ou fille de la nature elle donne des droits égaux
à tous (1) : elle donne à tous les individus com-

______

(1) La souveraineté du peuple que Rousseau proclame
avec tant de confiance, a de l'analogie avec le suffrage
universel, le radicalisme indéterminé que les démagogues voudraient introduire en Angleterre. Il y a cette
différence extrême, toutefois, que les Cobbetts protestent
de leur soumission à la constitution anglaise, et que

posant un peuple, le droit de changer à leur
gré la constitution de l'Etat et les magistrats; de

Rousseau, vengeur bien plus généreux des droits du
peuple, lui livre et les constitutions et les lois. Il ne faut
pas perdre de vue que c'est en invoquant les droits de
l'homme que l'auteur du *Contrat social* ouvre son *forum*;
ainsi il n'y a pas lieu de douter que les serviteurs à gages
n'y doivent être admis, dussent, le jour où ils exerceront
leurs droits politiques, leurs maîtres se passer de dîner,
ce qui est un assez faible inconvénient; il n'y a pas lieu de
douter que le malheureux sur lequel pèse une prévention
d'assassinat, que le meurtrier qui a subi sa peine ne doivent y être reçus, dussent-ils y rencontrer les fils de leurs
victimes, parce qu'il ne faut pas punir par provision, ni
punir deux fois. Mais je demanderai pourquoi les femmes
n'y auraient pas entrée, et s'il n'y a pas lieu de reprocher
à Rousseau, redresseur si énergique des torts, des abus de
la force, de n'avoir pas fait valoir leurs droits. On a discuté
dernièrement, en Angleterre, si les femmes avaient droit
de suffrage : les Montanistes admettaient les femmes à la
prêtrise et à l'épiscopat : ils partaient du principe que
Dieu a également départi aux deux sexes le don de l'intelligence; ils prouvaient fort bien que les femmes étant
susceptibles d'impressions plus vives, plus promptes, conséquemment plus éloquentes que les hommes, étaient plus
propres qu'eux au ministère de la prédication, qu'ainsi on
avait tort de vouloir les reléguer dans l'intérieur de leur
ménage. Ce n'est sans doute qu'au congrès du genre humain qu'il appartient de décider une question aussi importante que celle de l'existence politique des femmes,
et elle le sera sûrement à leur avantage, s'il se tient dans

s'assembler, je ne dirai pas périodiquement (1), mais sans autre règle que leur caprice pour délibérer sur les intérêts communs. Quelle doit être, je le demande, l'issue de pareilles assemblées? Comment veut-on que les riches et ceux qui sont dénués de tout, ceux qui ont de grandes possessions et ceux qui ne possèdent rien, puissent s'entendre? La dissolution du pacte social serait l'effet inévitable de semblables

---

les Gaules qu'elles ont autrefois gouvernées avec tant de sagesse. C'est à ce congrès sans doute qu'il appartient de faire cesser ces gouvernemens de fait, qui, tenant partout l'homme dans les fers, ne règnent que par la force, comme le prouve fort bien Rousseau dans son chapitre du Droit du plus fort!!!

Parlons sérieusement, si le droit de suffrage n'est pas inhérent à l'humanité, et cela est trop palpable, il ne repose donc sur aucune base fixe, et n'est plus qu'une dépendance des circonscriptions politiques, qui varient suivant les temps et suivant les lieux. Si nous flottons à cet égard dans le vague de l'arbitraire, reconnaissons donc que nous avons besoin que Dieu nous conduise dans les voies de la sagesse, nous inspire des pensées salutaires de manière que nous puissions nous entendre. Rousseau a la mauvaise foi de crier à l'abus de la force, et il appelle le gouvernement de la multitude, remet le dépôt des lois à la force armée active et sédentaire!

(1) Je sais bien que Rousseau se contente d'assemblées périodiques; mais les rigides politiques doivent crier à l'arbitraire : le peuple ne peut pas se lier!

cohues; or, dans l'état de nature, les propriétés
ne sont plus que de simples possessions, et la
possession ne donne de droits qu'autant qu'elle
ne comprend que le nécessaire. Lisez au Contrat
social les chapitres de l'Etat civil et du Domaine
réel; lisez le Gouvernement civil de Locke qui
consent à ce que la possession donne droit au
superflu, pourvu qu'il reste de quoi suffire aux
besoins des autres. Je vous demande à présent,
monsieur Grandpré, si vos huit cents arpents
ne vous donnent que le nécessaire, ou s'il reste à
tous vos concitoyens une subsistance suffisante ?

GRANDPRÉ.

Il ne sera nommé de députés que parmi les
propriétaires riches; ils sauront bien prévenir
tant de maux.

PRUDENT.

Vous oubliez que nous sommes régis par la
souveraineté du peuple, qui, comme je vous
l'ai prouvé, appartient à tous.

GRANDPRÉ.

Vous reconnaissez l'excellence du gouvernement représentatif; ce gouvernement n'est que
la souveraineté des propriétaires.

PRUDENT.

C'est là une grande erreur. Qu'est-ce encore
une fois que la souveraineté (il faut définir les
mots, si on ne veut pas disputer éternellement)?
Elle appartient à celui qui est au-dessus des

autres, à celui qui commande aux autres; celui-là est despote ou souverain absolu, s'il n'a d'autre règle que sa volonté; il est simplement souverain, si son pouvoir est réglé par la loi. Les députés qui doivent concourir à faire la loi, concourent à déterminer le mode suivant lequel le commandement doit être exercé, mais ils ne commandent pas eux-mêmes; à plus forte raison les propriétaires qui ne font que nommer les députés, sont loin d'exercer un commandement. En tous cas, si le pouvoir législatif doit être regardé comme une partie de la souveraineté, il n'y aurait que les députés eux-mêmes qui y participeraient.

GRANDPRÉ.

Le peuple eut un grand pouvoir à Rome et il n'en résulta que d'innombrables faits glorieux, qui ont à jamais illustré cette république : on ne toucha point aux propriétés.

PRUDENT.

Le peuple romain eut sans doute un grand pouvoir, mais il eut toujours un gouvernement : l'influence du peuple fut toujours balancé par le sénat, par les consuls, quelquefois par ses tribuns mêmes, qui furent alors des hommes sages. Ce sénat, pour arrêter les écarts du peuple, put recourir à la dictature, et il fut obligé souvent d'user de ce remède violent; il eut à sa disposi-

tion les oracles, les augures, les aruspices, une
religion toute politique qui fut toujours respectée
des Romains; et enfin on ne crut jamais à Rome
à cette souveraineté du peuple à laquelle on
veut livrer le gouvernement, et qui menace de
nous engloutir avec lui (1).

PAYNE.

L'intérêt de tous est de maintenir l'ordre;
celui qui règne entre les hommes n'est pas
l'effet du gouvernement, mais tire son origine
des principes de la société et de la constitution
de l'homme (2).

PRUDENT.

Ainsi, vos assemblées ne seront composées
que de sages capables de s'élever à la hauteur
du bon et du beau moral, et ils ne dévieront
pas des saines maximes, même lorsqu'ils seront
excités par des démagogues ! Quelle folie ! Monsieur Payne nous compare toujours à ses Américains, quoique nous lui ayons démontré que ce
parallèle est dénué de toute justesse. Je veux
bien toutefois vous accorder que votre tumul-
tueux *forum* sentira les inconvéniens d'une

---

(1) Si on eût cru à Rome à la souveraineté du peuple,
Cicéron n'aurait pas dit que la tyrannie du peuple était
la plus dangereuse de toutes. *(Discours de Cicéron pour*
Flaccus.)

(2) Théorie de Payne, pag. 5.

dissolution sociale ; mais dès que la souveraineté du peuple lui livre vos lois fondamentales,
comment voulez-vous qu'il ne se jette pas dans
toutes les utopies ; que la majorité, composée
de prolétaires, et si vous le voulez de petits
propriétaires, ne se précipite pas dans la démocratie ? Et avez-vous oublié que Solon, établissant
le gouvernement populaire, abolit les dettes,
et que Lycurgue, fondant sa république, divisa
la Laconie en trente mille parts.

GRANDPRÉ.

Vous ne nous pronostiquez que des malheurs,
vous mettez tout au pire !

PRUDENT, à Grandpré.

Mais non : mes conséquences sont certaines
et dérivent de la nature du cœur humain. Je
vais encore plus loin, pouvez-vous du moins
répondre que de vos discussions, souvent véhe-
mentes, il ne sortira pas des factions rivales,
qui se détesteront et se décimeront alternativement..... Vous êtes du parti populaire, dites-
vous, ignorez-vous donc que les sicaires de
Sylla suivirent de près ceux de Marius. Vous
n'êtes d'aucun parti ? Je veux bien le croire ;
mais vous êtes riche. « *La vengeance et la*
« *haine,* dans ces temps de désolation dont je
« viens de vous parler, *immolaient moins de*
« *victimes que la convoitise des richesses.* On

« pouvait dire : celui-ci c'est sa belle maison qui
« l'a fait mourir ; cet autre, ce sont ses biens
« magnifiques. Q. Amélius qui ne se mêlait
« d'aucune affaire, et qui croyait n'avoir d'autre
« part à ces misères publiques, que celle qu'il
« y prenait naturellement, par la compassion
« qu'il avait de ceux qui les souffraient, s'arrêta
« par curiosité à lire dans l'affiche les noms des
« proscrits, et y ayant trouvé le sien, il s'écria :
« Ah ! malheureux que je suis, c'est ma maison
« d'Albe qui est cause de ma perte. A quelques
« pas delà, il rencontra les assassins (envoyés
« par Sylla) qui le cherchaient, et il fut mas-
« sacré (1) ».

Mais qu'avons-nous besoin de remonter si
haut et d'aller si loin pour connaître les effets
exterminateurs de ces volcans politiques. La
guerre de la Jacquerie, la ligue, et bien plus
encore les annales de la fin du siècle dernier,
nous présentent nos champs inondés du sang
français, et les propriétés dévastées, rendues incertaines par ces mille fois déplorables luttes
anarchiques. Oui, monsieur Grandpré, votre propriété courrait le plus grand risque de vous
échapper, si le gouvernement venait à être maîtrisé par la souveraineté du peuple, et vous

---

(1) Traité de l'Opinion, tom. 5, p. 58, 2ᵉ édition.

seriez bien heureux si votre personne elle-même ne devenait pas victime.

JUSTUS.

Si on me dépouille de mon office, par suite de vos réformes, je demande à rentrer dans tous les droits que je tiens de la nature.

SEMESTRE.

Je demande également à rentrer dans mes droits primitifs, si on m'enlève ma rente.

PRUDENT.

Vous sentez, monsieur Grandpré, que cette réclamation n'est pas injuste ; si on dépouille un rentier, et qu'on supprime, sans indemnité, une place lucrative depuis long-temps possédée ; si enfin une longue possession est inutile aux uns, elle doit aussi être impuissante à l'égard des autres, et dès ce moment tout appartient à tous (1).

____

(1) Je le conçois bien, tant que Justus et Semestre resteront isolés, on leur prouvera infailliblement qu'ils auront tort ; mais si, dépouillés par une de ces catastrophes familières à la souveraineté de tous, ils parviennent, comme cela est facile dans ce système anarchique, à s'entourer d'un certain nombre de leurs cosouverains, réduits à la besace, comme ils le seront devenus eux-mêmes, et qu'ils chassent de leurs maisons MM. les propriétaires, dont la doctrine de souveraineté et de perfectibilité indéfinie aura contribué à leur infortune, ils sauront bien prouver qu'ils ont raison *(l)*.

GRANDPRÉ.

Je suis dans un coupe gorge ! c'est un guet-à-
pens ! Je vous proteste à tous que non-seulement
je ne tiens point à la souveraineté du peuple,
mais que j'en suis même bien revenu. On vient
de m'en faire voir le danger. Je vois à présent,
messieurs les Indépendans, qui faites briller à
nos yeux une souveraineté qui ne nous profite
guère, je vois quelles sont vos vues : il vous faut
absolument un partage, et ce partage serait pro-
bablement celui du lion. Quelques - uns de
vous visent à devenir sénateurs, conseillers d'é-
tat, ou à quelque autre place importante, sous
un gouvernement à la reconnaissance duquel
vous croiriez avoir beaucoup de droits ; mais vos
efforts seront vains ! L'illusion est dissipée ! Les
hommes de bonne foi concevront que nos inégalités, nos passions, demandent une puissance
fortement repressive, et que votre théorie tend
à rendre précaire et nulle la monarchie dont
nous avons besoin ; chacun sentira que les minorités dans nos chambres législatives ne peuvent
appeler le peuple à leur secours, sans lui attribuer en dernière analyse la législation, et qu'il
est contre la nature des choses que la multitude
fasse les lois, dont l'objet principal est de maintenir la propriété contre les passions de la multitude. Nous saurons défendre le Roi et nos

droits contre votre hypocrite manie de perfectibilité trompeuse.

PRUDENT.

Voilà en peu de mots ma pensée expliquée.
Combien nos ancêtres n'étaient-ils pas plus sages
que les novateurs : en donnant à leurs Rois une
origine céleste, en déclarant qu'ils les recevaient
de Dieu lui-même, ils ne faisaient que reconnaître sa providence; ils n'avaient pas besoin
pour cela de recourir aux dogmes de la religion
révélée, il leur suffisait d'user de la raison des
Cicéron, des Socrate, de n'être ni athées, ni
déistes (*m*).

GRANDPRÉ.

C'est cependant la loi des élections qui nous
a jetés dans un labyrinthe où nous avons failli
rester. Vous voyez qu'il ne faut pas toucher à la
loi des élections.

PRUDENT.

C'est moins la loi des élections que la souveraineté du peuple. Le systéme électoral est une
corde qu'il ne faut sans doute toucher qu'avec
précaution; mais enfin il est soumis à la sagesse
du législateur : il n'est pas étonnant qu'on tâ-
tonne dans une matière aussi épineuse.

GRANDPRÉ.

Je n'ai sans doute point à me plaindre des
derniers changemens qui y ont été faits : ils ont
augmenté mon influence.

PAYNE.

Ils n'ont cependant point augmenté votre amour du bien public.

PRUDENT.

Messieurs, ces modifications nouvelles qui ont éprouvé tant de contradictions, sont conformes à l'avis de Pline, qui gémissait de ce que les voix se comptaient et ne se pesaient pas. Rien n'est plus inégal, disait-il, que cette égalité, puisqu'il y a si grande inégalité de capacité et de prudence (1). Elles sont conformes aussi ces additions à la fameuse loi de Servius, qui régit la république romaine dans le temps de sa splendeur, et dont l'auteur du *Contrat social* a suffisamment fait l'éloge en n'osant pas la blâmer. J'ajouterai qu'en écartant les prolétaires du corps politique, on reconnaît en quelque sorte que l'influence doit être mesurée sur la propriété.

JUSTUS.

Si vos changemens s'appuyent sur la loi de Servius, ils sont contraires à celle de Solon, qui, en bornant l'éligibilité aux magistratures, avait admis indistinctement tous les citoyens à élire.

ROUSSEAU.

Cela est vrai : vous voyez que Solon était de mon avis.

---

(1) Livre II, épître 12.

JUSTUS.

Il faut que je vous dise toute ma pensée sur votre loi des élections. Je commencerai par convenir que rien n'est plus difficile que de bien circonscrire le corps politique. L'auteur du *Suplément au Contrat social* l'a dit avec raison ; il a cependant vanté sur ce point la constitution anglaise, qui avait eu un suffrage beaucoup plus imposant dans l'opinion de Montesquieu lui-même. Il est sans doute incontestable que plus la proportion du nombre des citoyens est élevée, plus le nombre des individus satisfaits et pouvant s'énorgueillir des lois de leur pays est considérable, et plus par suite l'ordre public a une base solide. Si les Français, élevés à l'école du malheur, n'étaient pas désabusés du suffrage universel, combien les démagogues qui voudraient s'en faire un texte pour troubler leur pays, n'auraient-ils pas d'avantage sur les Hunts et ses adhérents. Je sais que les publicistes ont dit avec raison que la propriété était la base de la société parmi les hommes ; mais n'y a-t-il pas des inconvéniens majeurs à mal interpréter ce principe? Il a été sans doute posé par Solon et reconnu par Servius ; mais celui-ci avait tellement distribué ses cent quatre-vingt-treize centuries en six classes, que si les Romains n'avaient d'influence qu'en raison de leur attachement présumé à

l'ordre, toutefois ils étaient tous citoyens, et
enfin cette institution était tempérée par la censure (*n*).... La propriété foncière doit, je le veux,
avoir la prépondérance ; mais est-il bien vrai
qu'elle soit nécessairement plus attachée à l'ordre
que les autres genres de propriétés? N'est-il pas
exact de dire que des classes nombreuses de propriétaires fonciers ont vu leurs biens défier dans
leurs mains les révolutions? Le capitaliste, le
banquier peuvent sans doute, à tous momens,
abandonner le sol, et comme Bias ne rien laisser
derrière eux ; mais le marchand dont tout l'avoir
est dans des magasins, ne peut-il pas craindre
qu'une insurrection de quelques heures ne dé-
vore toutes ses espérances ? Le propriétaire fon-
cier peut vendre sa terre et en acquérir une
autre dans l'étranger, mais le médecin habile dont
la confiance acquise par son savoir et sa prudence fait tout le revenu (et il en est de même
de beaucoup d'autres citoyens, dont la réputation
de probité et d'intelligence fait toute la res-
source) ; ce médecin, ces citoyens ne peuvent
vendre l'estime qui est tout leur bien et en faire
argent comptant. Ceux-là tiennent essentiellement au territoire, et ne peuvent, sans compromettre leur existence et celle de leur famille,
s'en détacher. Les fortunes de ceux qui les en-
tourent sont le principe de leur bien-être parti-

tulier ; ils sont conséquemment intéressés à l'ordre. J'ajoute que l'intérêt de la propriété foncière est spécialement confié à la chambre des pairs, qu'il est indispensable que tous les intérêts soient représentés dans celle des députés, et que s'il est vrai que l'indépendance plus marquée et plus constante des propriétaires fonciers, doit les faire considérer comme plus particulièrement éligibles, il est juste et politique tout à-la-fois que tous les propriétaires non-fonciers, qui ont d'honnêtes moyens d'existence, puissent choisir parmi ces éligibles ceux qu'ils regarderont comme joignant à des lumières suffisantes un esprit d'équité plus imperturbable, seul moyen qu'ils aient d'opérer une bonne et impartiale fixation des charges communes. On ne peut pas, il est vrai, regarder les Français qui ne sont pas électeurs, comme tout-à-fait étrangers au corps politique, puisque toutes les places leur sont accessibles ; mais cela même entraîne les plus graves inconvéniens, par la raison qu'une des principales bases de l'ordre public est le respect pour l'autorité, et qu'un grand nombre de dépositaires de cette autorité se trouvent avilis par l'éloignement où on les tient des salles électorales.

PRUDENT.

J'avouerai qu'il est nécessaire que l'autorité

soit respectée; la constitution anglaise est peut-
être supérieure à la nôtre en ce qu'elle admet
les fonctionnaires de l'Etat dans le corps politique; au reste le médecin, l'avocat qui ont
élevé une famille au moyen d'une confiance
honorablement acquise; le rentier, le fonctionnaire public même qui n'a de ressources que
les émolumens de sa place, doivent être amis de
l'ordre, j'en conviens; mais il est peut-être ici
besoin d'une règle fixe qui soit une garantie générale d'indépendance, et cet avocat, ce médecin
tout estimables qu'ils sont, peuvent n'être pas à
l'abri de la séduction. La fortune de ce rentier,
de ce fonctionnaire, assise en quelque sorte sur
le trésor public, ne peut-elle pas donner lieu
de craindre que leur influence, si on leur en
donnait, ne tendît à faire voter les impôts trop
légèrement.

JUSTUS.

Comment supposer que des hommes dont l'é-
ducation promet une âme élevée, se laissent
séduire sur-tout pour un modique intérêt; car
on ne fera sûrement pas un sacrifice assez grand
pour leur payer le danger de compromettre leur
état. Où trouver d'ailleurs des corrupteurs assez
ineptes, pour ne pas voir que le scrutin ne lais-
serait aucune sûreté à la corruption. Une fortune
dépendante du trésor public vous est suspecte!

mais on ne peut être ami du Roi, sans être disposé à lui accorder les impôts nécessaires au
maintien de l'ordre : or, le rentier, le fonctionnaire ne sont nullement intéressés à dépasser
cette limite, puisqu'autrement on pourrait leur
tirer d'une main ce qu'on leur aurait donné de
l'autre. Vous devriez, dans tous les cas, vous
borner à les rendre inéligibles, et non les rejeter
comme électeurs :

La fuite d'un écueil fait tomber dans un autre ;
l'écueil dans lequel vous tombez ici, c'est de
flétrir un grand nombre de citoyens accoutumés
à jouir de la considération publique, et qui en
sentent le besoin.

PRUDENT.

Il faut nous en rapporter sur tout cela à la
sagesse du Roi et des chambres.

GRANDPRÉ.

La charte demandant une contribution de
trois cents francs pour être électeur, ne permet
pas à la loi des élections de descendre plus bas.

PRUDENT.

Si le Roi et les chambres jugent à propos de
donner une plus grande base à l'État, en ac-
croissant le corps politique, je ne crois pas que
la charte s'y oppose. Il me paraît comme hors
de doute qu'elle n'exclut pas plusieurs degrés
d'élection : elle exige bien une contribution de

trois cents francs pour *concourir* à la nomination des députés : ce mot concourir (1) annonce
qu'il ne s'agit que de l'élection immédiate. Il
pourrait donc y avoir un premier degré d'élection : des électeurs d'électeurs concourraient à
la nomination de ces électeurs, mais ne concourraient pas avec les électeurs eux-mêmes à
la nomination des députés. S'il y avait quelque
doute sur ce point, la charte contient en elle-
même le principe de son amélioration (2). Est-
il donc étonnant qu'il y ait quelque tâtonnement
sur un objet aussi épineux que la circonscription
du corps politique? J'ajouterai que si rien de
parfait ne sort de la main des hommes; que si
la loi la plus irréprochable, faite pour des êtres
sujets au changement, ne doit pas avoir l'im-
mutabilité des arrêts du destin, il vaudrait peut-
être mieux interpréter la charte que de faire
trop de mécontens. Je raisonne, comme vous
voyez, avec toute la réserve du doute, en pro-
testant de mon respect pour la loi tant qu'elle
existera, et me soumettant à la décision des
législateurs qu'il a plu à la Providence de me
donner. La souveraineté du peuple et la loi des
élections seront toujours une ample matière de

---

(1) Courir ensemble.

(2) Dans son article 19.

discussion ; mais il me semble que si on cherche la vérité avec un cœur sincère et un esprit sans prévention, elle devra se résoudre par les principes que je vous ai exposés.

(*A MM. Payne et Rousseau.*) Je vous exhorte donc, Messieurs, à faire de vos talens un meilleur usage que vos patrons n'ont fait des leurs (1). Dites bien moins aux nations collec-

---

(1) Il serait difficile sans doute de trouver un auteur qui ait plus abusé de ses talens que Rousseau : nouveau Carnéade, il semble avoir pris à tâche de soutenir le pour et le contre ; le caractère de ses héros y prend alternativement la teinte de ses passions. Qui ne sent que la seule présence de sa Sophie doit y couvrir de honte sa vertueuse Julie ? Comment l'instituteur formant Emile au respect de la propriété, pourrait-il, sans trépigner, entendre le discoureur insensé qui soutient que la propriété est la source de tous les maux qui affligent l'homme ? Comment le correspondant de d'Alembert pourrait-il voir représenter Pygmalion sans s'écrier : Combien l'homme est faible ! Et le père de ce Colin, de cette Colette qui, parés des seuls attraits de la nature, ne craignent pas de se montrer près tout le luxe de la cour de notre Polymnie italienne, ne doit-il pas sourire de pitié en voyant le détracteur de la musique française ! On peut dire à Rousseau : Vous avez bien raison de surveiller votre Emile ; ah ! gardez que votre Discours sur l'Origine de l'Inégalité parmi les hommes, gardez sur-tout que votre Héloïse ne lui tombent entre les mains ! S'il vient à jeter les yeux sur votre discours couronné à Dijon, il vous

tivement, qu'aux individus qui les composent,
que la souveraineté du peuple n'est que l'illusion d'une fausse métaphysique; que tous les
gouvernemens, toutes les choses de ce monde
ont leurs inconvéniens; que c'est contrarier
une loi posée par Dieu même que de vouloir
y jouir d'un bonheur sans mélange; que l'expérience des siècles a révélé qu'il vaut beau-

---

prendra pour un empoisonneur. Rousseau a sans doute
couvert ses contradictions du coloris des grâces; il a en
cela donné lieu de douter jusqu'à un certain point de
l'utilité de l'instruction du peuple; il a prouvé jusqu'à
l'évidence que l'instruction peut être une épée dans les
mains d'un furieux; il a démontré jusqu'à l'évidence que
pour être instruit sans danger pour soi, comme pour
les autres, il faut avoir l'âme élevée, savoir régler son
cœur. Les sophistes de Rome et de la Grèce engen-
drèrent un scepticisme si funeste à la société, qu'ils mirent
Rousseau dans le cas de s'élever avec avantage contre le
danger des sciences et des arts. La question néanmoins ne
peut être problématique, depuis sur-tout l'invention de
l'imprimerie; rien n'est plus dangereux que les demi-
lumières, les fausses lueurs; on pourrait donc dire : Ou
supprimez l'imprimerie, ou instruisez le peuple; parlez-
lui sur-tout de la base de toute morale, de l'immortalité
de l'âme; faites-la lui toucher au doigt de manière qu'il
n'en puisse douter. Exposez-lui ces compensations que la
Providence a sans doute établies elle-même, afin que
chacun pût être content de son état. Faites contraster à
ses yeux la vie tranquille des simples bergers, et les soucis

coup mieux garder un gouvernement, fût-il
mauvais, que de courir les risques de n'en avoir
aucun : l'anarchie étant le plus grand des maux.
Dites-leur bien, que, quand il serait vrai que
les peuples ne commettraient aucune injustice
en déposant leurs Rois au gré de leurs caprices,
et en s'abandonnant à la plus monstrueuse in-
gratitude, il serait également vrai que leur intérêt le plus pressant serait, que le salut du peuple,
qui est la loi suprême, leur commanderait de
n'en rien faire ; dites-leur bien, que les Rois
ont beaucoup moins besoin du respect des peuples, que les peuples eux-mêmes n'ont besoin
de respecter les Rois ; dites-leur bien, que, si
l'inégalité est dans les vues de la Providence,
d'après une autre loi non moins certaine de
cette même Providence, il s'en faut bien que

---

sans cesse renaissans des pasteurs d'hommes. Montrez-lui
même peut-être l'intolérant Dioclétien refusant de quitter
ses laitues de Salone pour reprendre le sceptre. Ah ! il
n'en sentira que mieux qu'il ne saurait jamais trop aimer
et respecter son Roi (*) !

(*) L'instruction du peuple, en opérant une espèce de nivellement, peut nuire à la subordination et relâcher les liens de la
société : c'est là un écueil qui tient à l'extrême civilisation ; le
moyen de l'éviter, c'est de s'adresser franchement à la raison du
peuple, de lui apprendre à être content de son état, en lui per-
suadant irrésistiblement que c'est pour lui une dette sacrée que
d'honorer les supérieurs préposés à sa conduite, qui sacrifient
leur repos au sien.

le bonheur soit l'appanage de l'opulence et du pouvoir ; qu'il n'appartient point à telle ou telle condition, à tel ou tel homme, pas même à celui qui est le plus favorisé de la nature et de la fortune ; qu'il est exclusivement la récompense du sage, qui, content de son état, sait gouverner ses passions et régler son cœur, et durant le temps seulement qu'il le sait faire.

JACQUES LESAGE.

Messieurs, j'étais tapi dans un coin de l'appartement, tellement que peut-être vous ne m'aviez pas aperçu, je vous ai cependant entendu déviser et conter toutes vos raisons. Si vous voulez bien me permettre de mêler mon mot, je vous dirai que je suis en tout de l'avis de monsieur Prudent : je ne crois pas que tous puissent être égaux, puisque, s'il en était ainsi, personne ne voudrait travailler dès qu'il aurait l'indispensable nécessaire. On ne peut pas bâtir une maison avec des pierres, dont toutes les assises soient à la même hauteur ; on rirait d'une armée qui, parce qu'elle viendrait de nommer son général, prétendrait qu'elle a le commandement, et se nommerait commandante. Je ne veux partager avec personne, et je ne demande qu'une grâce, c'est qu'on me laisse ma hache, mes coins et mon maillet : avec eux je nourris ma famille et je vis heureux ; oui heureux ! Et moi aussi,

Messieurs, je m'avise de faire quelquefois de la *fisolofie*, et de raisonner sur le bonheur, et je me dis qu'il m'appartient à moi aussi bien qu'à bien d'autres. Je faisais dernièrement cette réflexion en voyant monsieur le comte de ***; je ne le nomme pas, car je ne veux médire de personne. Il s'était mal conduit à l'égard de notre bon Roi qui avait oublié cela, et à la clémence duquel chacun applaudissait. (Quel est celui qui n'a jamais besoin d'indulgence !) Je savais que monsieur le comte de *** avait fait depuis peu une autre mauvaise action, je l'entrevis à sa table, qui était chargée de pâtés, de volailles grosses et petites, de gibiers et de vins qui sans doute étaient exquis, eh bien ! il avait un air soucieux ; il mangeait d'un air dégoûté ; il semblait trouver tout amer. Je me disais, maître Jacques, vous mangiez tantôt votre beurrée de miel de meilleur appétit ! Effectivement, j'avais trouvé mon pain noir d'une saveur délicieuse... Je pense, aussi, Messieurs, que l'homme ferait beaucoup mieux, et travaillerait plus sûrement à sa satisfaction en se faisant aimer, qu'en cherchant à se faire admirer. Pour tenir les admirateurs en haleine, il faut toujours faire quelque chose de nouveau, et aller de plus fort en plus fort, et cela doit finir par être bien embarrassant, tandis que l'amitié ne s'use point et s'obtient facilement ; il

suffit d'avoir de la bonté, d'aimer les autres sin-
cèrement, et de le leur témoigner sans sima-
grées: aussi j'ai pris à tâche de me faire aimer de
tous mes voisins, et j'y ai réussi.... Il faut que
je vous dise encore un mot d'un livre que mon
fils Prosper nous lisait hier au soir, et qui a rapport à notre objet (il a une jolie figure mon fils
Prosper; monsieur le Préfet dont je suis voisin
et dont je fends le bois, l'a pris en affection et
lui a fait apprendre à lire). Or donc, mon fils
Prosper nous lisait hier un livre qui se nomme
la *Cabanne indienne* (1) : on voit dans ce livre
les aventures d'un homme pauvre des dons de
la fortune, mais riche de tous ceux de la sagesse.
Il était dans son pays de la caste des pa... des pe...
des pa... des parias (oui, c'est le nom); ils étaient
lui et ses semblables si méprisés des autres cas-
tes, qu'ils ne pouvaient en approcher sans en
recevoir des coups de fouet. Cet infortuné (car
il le fut d'abord), après avoir satisfait sa curiosité, et visité pendant la nuit la capitale de
l'empire, se réfugia dans les bois avec une mal-
heureuse comme lui qu'il avait épousée. Eh bien !
là, dans le sein de la nature, il fut bientôt plus
satisfait que tous ceux qu'il avait aperçus jus-
que - là. Il était mille fois plus heureux que les

------

(1) Il veut dire *la Chaumière indienne*.

seigneurs qui environnaient le trône dont il avait approché à la faveur des ténèbres, et qu'il avait vus agités de toutes les passions qui tourmentent les hommes ; il jouissait dans le calme de son âme de toute la sérénité d'un beau jour : tout concourait à son bonheur, la tendresse de sa femme, le souris de son enfant (car il avait un enfant au berceau), les caresses de son chien ; il n'y avait pas jusqu'à son chat (1), qui, sur son derrière assis près du foyer, le regardait de temps à autre avec un air d'affection, et qu'il payait de retour de même que tous les êtres sensibles qui l'environnaient. Je vous dis ceci, qui vous paraîtra peut-être bien puéril, pour vous faire voir que tout est plaisir pour un cœur pur qu'aucun sentiment pervers ne tourmente... A la lecture de cette histoire, j'élevais les yeux vers le ciel et mon cœur à Dieu, je le remerciais de ce qu'il m'avait fait naître dans un pays où l'homme n'est point ainsi dégradé, foulé aux pieds par l'homme ; je bénissais notre bon Roi de ce qu'il a dit que tous pourraient arriver aux places, dans la pensée que mon fils Prosper pourrait un jour en obtenir une... Ainsi je crois aux

---

(1) On voit figurer ces animaux utiles dans le frontispice de *la Chaumière indienne*, représentant l'intérieur de la cabanne du paria.

dédommagemens que la Providence ménage aux gens de bien dans cette vie-ci, et je ne suis pas moins convaincu qu'il leur en réserve de bien plus précieux dans une vie à venir. C'est pour avoir négligé ceux-ci que nous avons donné trop de prix aux biens périssables de ce monde, et que nous avons été si malheureux ; je me dis quelquefois que Dieu, qui est si sage, a fait l'homme trop grand, en lui donnant un esprit capable de le connaître et de l'adorer, un cœur capable de l'aimer, pour borner son existence à un jour qu'il passe sur la terre, et qu'il est trop juste pour traiter de la même manière le méchant qui met le trouble partout, et le père de famille laborieux, qui élève des enfans destinés, comme lui, à concourir au bon ordre. Messieurs, soyons sages, soyons bons, ce qui est presque la même chose ; c'est le seul moyen d'être vraiment heureux (1).

---

(1) Jacques Lesage, de la dernière classe de la société, gagnant son pain et celui de sa famille de la manière la plus pénible, est heureux ; son jugement sain lui a fait apercevoir des compensations qui devraient frapper tous les yeux : il sait qu'il a un meilleur estomac, qu'il digère mieux que l'homme de cabinet, que sa santé est plus robuste ; il s'est dit, comme le bon La Fontaine :

Ni l'or ni la grandeur, ne nous rendent heureux !

Il a le bon esprit d'être content de son sort, et il est content de son sort parce qu'il sait apprécier la vie ce qu'elle vaut. Il est peu d'hommes qui ne puissent être heureux à cette condition, et il est presque impossible de l'être d'une manière durable, sans cette condition. L'homme qui croit à la sagesse de Dieu est toujours satisfait : la fin de sa vie est pour lui la fin d'un beau jour : loin d'y voir le terme de son être, elle ne lui présente qu'une modification nouvelle de son âme, qu'une conscience pure lui atteste devoir être digne d'envie. Il est bien assuré que la puissance qui sait tirer du tombeau d'un vil insecte le brillant papillon (*), saura le faire sortir du sien, avec la conscience de son existence passée ; il n'en sortira pas avec ce corps qui tombera en pourriture, mais, avec un peu de réflexion, il aperçoit que le corps de l'homme, arrivé à un certain âge, s'est renouvelé plusieurs fois, tandis que son âme est restée la même. Si elle n'est pas visible après la mort, elle ne l'était pas davantage durant la vie. Combien n'y a-t-il pas d'êtres invisibles qui ont une existence réelle : nous ne voyons pas Dieu, nous ne voyons pas même l'air que nous respirons.

(*) *Voyez* Pluche, tom. 1, 2ᵉ entretien, pag. 57.

NOTES.

(*a*) Il n'est pas rare de rencontrer des hommes qui sourient de pitié, quand on leur dit que la Providence distribue les couronnes, et dispose des choses de ce monde. Je prie ces soi-disant sages de descendre en eux-mêmes, et de consulter leur sens intime ; s'il ne leur dit pas, comme à saint Paul et à Mallebranche, que *nous sommes, que nous nous mouvons, que nous voyons tout en Dieu* ; s'il ne leur répond pas, comme à l'auteur des *Questions sur l'Encyclopédie*, que Dieu nous donne toutes nos idées ; ils se rappelleront du moins qu'au milieu de leurs méditations les plus profondes, ils ont quelquefois été invinciblement distraits par des pensées, sans aucun rapport avec leur position physique ou morale ; ils en inféreront, j'aime à le croire, que Dieu est le maître de nous imprimer des idées, et qu'ils songent à l'étendue des conséquences de ce principe. Je demande à ces prétendus sages, si l'être qui gouverne les élémens et les météores, n'a pas la plus grande influence sur le sort de deux armées qui combattent pour des concurrens divers au même trône. Ils ne nieront pas tout l'effet que peuvent produire ou empêcher une tempête, un orage, une flotte retardée ou arrivée à propos..... Si une intelligence a été établie pour diriger le jeu de leurs faibles ressorts, ils ne croiront pas sans doute que les mouvemens variables de l'univers soient abandonnés à une aveugle fatalité... Les hommes ont beau s'agiter dans leurs fourmillières, et dire qu'ils ont droit de changer leurs lois et leurs magistrats, il n'en sera jamais que ce qu'il plaira au régulateur suprême des destinées humaines. Quoi que nous disions, quoi que nous fassions, c'est à lui qu'appartiendra toujours l'initiative pour récompenser ou pour punir les peuples, ainsi que les particuliers.

(*b*) Tous les publicistes sont pleins de réflexions sur les saillies capricieuses, les écarts extravagans, journaliers, de la multitude à Athènes ; les Œuvres de Mably, l'un des réformateurs les plus enthousiastes, en présentent un grand nombre : voir les Lettres sur les Droits et Devoirs du Citoyen, les Observations sur les Etats-Unis d'Amérique.

(*c*) « A prendre le terme dans la rigueur de l'acception « (dit l'auteur du *Contrat social*), il n'a jamais existé de « véritable démocratie, et il n'en existera jamais » ; c'est-à-dire, que la souveraineté du peuple n'a jamais existé de fait nulle part : elle n'a pas même existé à Athènes. Cette république, dans le temps de sa plus grande indépendance, eut un sénat, des archontes annuels, des censeurs, qui conservèrent toujours, au moyen des oracles et des autres institutions religieuses, beaucoup d'empire sur le peuple.

(*d*) Polybe et Justin ont écrit que la monarchie est la forme de gouvernement la plus ancienne (1). De tous les gouvernemens, le monarchique paraît le meilleur et le plus naturel, a dit Hérodote (2) ; il imite la puissance paternelle. Le même auteur a encore dit : La souveraine puissance ne veut point de partage ; il est difficile que dans un Etat deux chefs s'accordent, et les peuples sont toujours les premières victimes des divisions du gouverne-

____

(1) Polybe, liv. vi ; Justin, liv. i.
(2) Histoire de Darius, liv. iii.

ment (1). Homère, le sage Homère, pense que c'est un mal que plusieurs commandent ; qu'il ne faut à un Etat qu'un Roi, comme il ne faut au monde qu'un soleil (2). Ce qui prouve l'excellence du gouvernement monarchique, lit-on dans Tacite, c'est qu'on est obligé d'y avoir recours pour concilier les esprits ; il n'y a point d'autre remède aux divisions de la patrie que le gouvernement d'un seul (3). Platon fait l'éloge de la monarchie, comme du gouvernement le plus naturel et le plus avantageux (4) ; il dit ailleurs que comme la monarchie qui est établie sur des lois sages est le plus excellent de tous les gouvernemens, de même un bon Roi est comme un Dieu entre les mortels (5). Nous répéterons ici, avec Thucidide, que la monarchie est une forme de gouvernement si naturelle, que quoique le gouvernement d'Athènes fût démocratique de droit, cependant il était monarchique de fait (6). Aristote appelle la monarchie le premier des gouvernemens, un gouvernement divin (7). Le gouvernement monarchique est celui de tous où il se trouve plus de liberté, a dit Claudien. Un auteur moderne (qu'il y a d'autant moins lieu de suspecter qu'il est partisan de la souveraineté du peuple) a établi la même proposition, et lui a consacré un chapitre tout entier. Il a intitulé ce chapitre *De la Nécessité d'avoir un Roi pour être un peuple vraiment libre* (8). Il y dit : « On sent mieux cette vérité

---

(1) Histoire de Cléomène et de Muratus, liv. vi.

(2) Iliade, liv. ii.

(3) Annales, liv. i.

(4) Des Lois, liv. iii.

(5) Dialogue politique.

(6) Liv. ii, chap. ii.

(7) Politique.

(8) Supplément au Contrat social, iie partie, chap. 10.

« dans les républiques que dans les monarchies ; Sparte
« avait deux Rois ; Rome deux consuls, qui exerçaient,
« suivant la remarque de Polybe, l'autorité royale à plu-
« sieurs égards, et Rome eut souvent recours à la dicta-
« ture ; les Vénitiens et les Génois ont un doge ; les Hol-
« landais un stathouder (1), les Anglais un monarque ;
« les Etats-Unis d'Amérique ont à peine assuré leur
« liberté, que pour l'affermir ils ont élu un magistrat
« suprême. *Les lois*, disait Anacharsis, *ressemblent aux*
« *toiles d'araignées : elles arrêtent les mouches, et lais-*
« *sent passer les oiseaux.* » Il est bon d'observer que cette
remarque a été faite dans une république.

« Cette insuffisance des lois, pour contenir les grandes
« familles et les hommes puissans, exige que le législateur
« leur donne un chef jaloux de son autorité, et dont la
« surveillance perpétuelle les contienne dans les bornes
« leur prescrites.....

« Dans les très-petits Etats où..... ce chef n'est pas né-
« cessaire..... Dans les grands Etats.... il faut un prince
« héréditaire...., le pouvoir exécutif, dans les mains d'un
« tel chef, a plus d'activité et trouve moins d'obstacles ;
« il est plus respecté dans l'intérieur ; il représente mieux
« avec les nations étrangères ; il leur imprime plus de
« considération pour le peuple dont il défend les intérêts. »

(e) *Il est nécessaire que toutes les voix soient comptées,*
a dit Rousseau. La souveraineté du peuple, merveilleuse
pour décomposer, n'est plus qu'une source de discussions
sans cesse renaissantes, lorsqu'il s'agit de reconstruire. Si
le droit de concourir à la législation est inhérent à l'humanité, on ne peut en priver personne sans discussion,
sans un examen approfondi. Peut-on en dépouiller le

______

(1) Il écrivait en 1791.

débiteur malheureux qui n'a pas rempli ses engagemens, l'honnête serviteur domestique qu'on n'a plus la barbarie de regarder comme esclave? Ce n'est pas tout, à quel âge entrera-t-on au *forum*? La majorité politique sera-t-elle la même que la majorité civile? On n'était majeur dans la plupart de nos coutumes qu'à vingt-cinq ans; dans plusieurs on l'était à vingt; dans une à quinze; on l'est aujourd'hui, en France, à vingt et un; en Turquie, on est majeur à quinze. D'après les institutions de Romulus, on avait droit de délibérer sur les affaires publiques dès qu'on était en état de porter les armes; il en était de même chez les anciens Germains. La vertu faisait la majorité chez les Goths; son âge a varié chez les anciens Francs. Auquel de ces âges fera-t-on commencer la qualité de citoyen? ou plutôt doit-on établir une règle générale, lorsque la raison varie dans chaque homme : qu'elle est dans les uns plus précoce, dans les autres plus tardive (1)? Ce n'est pas tout encore, jugera-t-on ces graves questions sans entendre les personnes qui y sont

---

(1) L'auteur du *Contrat social* a si bien prouvé qu'au moment de l'âge de raison, les enfans ont droit de se gouverner eux-mêmes (liv. 1, chap. 4), qu'il ne pourrait, sans inconséquence, leur refuser le droit de suffrage. Il a même établi (*ibidem*), que les pères ne pouvant dès lors rien arrêter qui gêne la liberté de leurs enfans, il serait nécessaire, pour qu'un gouvernement fût légitime, qu'à chaque génération le peuple fût le maître de l'admettre ou de le rejeter. Et, comme à la différence des générations des simples familles, celles des peuples s'éteignent et se renouvellent à tous les instans, il en faut inférer que les générations naissantes doivent être à chaque instant libres d'admettre ou de rejeter le gouvernement existant, sans quoi il cesse d'être légitime!!! Ah! sans doute, Rousseau devait avoir bien du dédain pour ces raisonneurs serviles et sans entrailles, qui prétendent que le monde moral étant, comme le monde physique, l'ouvrage

intéressées ? Les écartera-t-on provisoirement du corps
politique ? Que l'on y prenne garde, *une seule voix for-
mellement écartée vicierait l'opération !* Insensés (1)! qui
d'un trait de plume dissolvez toutes les sociétés existantes,
je vous défie de donner un gouvernement stable à une
peuplade de cent individus !

(*f*) L'auteur qu'on vient de citer, Gudin, dit, dans
un chapitre où il traite de l'avantage des grands États :
« L'auteur du *Contrat social* croyait, du moins il le pa-
« rait, que chaque ville devait être un État particulier,
« libre et indépendant; que plusieurs petits États devaient
« se confédérer pour avoir une force de résistance qui

---

du régulateur suprême, il ne doit pas être plus permis à l'homme
venant à la vie de troubler l'un que l'autre !

(1) N'y a-t-il pas de la folie à poser un principe d'après lequel
il n'existerait pas un seul gouvernement qu'on pût dire vraiment
légitime. Rousseau, qui accuse Grotius et Barbeyrac de s'être en-
chevêtrés dans leurs sophismes (liv. ii, chap. 2), s'enchevêtre
bien autrement lui-même. Qu'on lise son chapitre du Droit du
plus Fort (liv. i, chap. 3), il y dit équivalemment, que si les
puissances de la terre ont pour elles la force, il n'en résulte en
leur faveur aucun droit. D'un autre côté, dans son chapitre du
Législateur (liv. ii, chap. 7), il approuve qu'il fasse parler le
ciel pour accréditer ses propres inspirations; il vante la *loi ju-
daïque toujours subsistante, celle de l'enfant d'Ismaël qui depuis dix
siècles régit la moitié du monde*, et cependant les gouvernemens
fondés par Moïse et par Mahomet n'étaient pas des émanations
de la volonté générale. Il a bien dit que les ordres des chefs
peuvent passer pour des volontés générales, mais dans le cas seulement *où le souverain libre de s'y opposer ne le ferait pas* (liv. ii,
chap. 1). Or, je le demande à Rousseau, les Hébreux, séduits par
des prestiges comme il nous les présente, les Arabes, contraints
par la force des armes, étaient-ils libres de s'opposer aux ordres
de leurs chefs? Que d'incohérences ! que de contradictions !

« les empêchât d'être subjugués..... Les petites autorités
« s'exercent presque toujours avec un pédantisme et une
« impertinence qui les rend insupportables. Rousseau
« avait observé très-bien, dans la petite république dont
« il avait été citoyen, qu'un petit magistrat qui craint
« d'être confondu avec le peuple, fait toujours sentir,
« d'une manière choquante, la petite différence qu'il y a
« de lui aux autres, et ne se plaît qu'à humilier ses égaux.
« Cette sottise produit une multitude innombrable de
« haines, de disputes, de malaises; car les citoyens,
« dès qu'ils se rassemblent, cherchent à faire éprouver
« en gros à leurs magistrats autant d'humiliations et de
« dégoûts qu'ils en ont reçus en détail. Ces discussions
« intestines dégénèrent en partis : les plus faibles ap-
« pellent les étrangers, et dans ce siècle de lumières on
« s'est battu dans les murs de Genève ; les Suisses ont
« été prêts à se battre..... Les confédérations qui lient les
« petits États, ne les empêchent pas d'être envahis par
« des voisins habiles qui savent fomenter leurs divisions...
« Les grands États sont en repos par leur masse; leurs
« forces et leurs ressources leur procurent une sécurité
« constante qui permet aux législateurs de moins exiger
« du citoyen, et de l'abandonner davantage à lui-même....
« Les principaux magistrats y ont une grandeur réelle
« qui en impose davantage, et qui, par sa prépondé-
« rance, choque moins la vanité des simples citoyens.....
« Il est facile d'y établir une meilleure police, d'y avoir
« plus de paix, quoique la liberté soit une divinité in-
« quiète et méfiante ; mais si elle est active, si elle est
« vigilante, elle hait toutes ces émeutes, tous ces désor-
« dres, tous ces attentats, que sème la licence lorsqu'elle
« prend son nom pour la perdre elle-même, et pour

« établir à sa place l'anarchie qui précède toujours l'es-
« clavage et la tyrannie. »

(g) Lorsqu'on réfléchit que la plupart des questions
politiques se présentent sous une foule d'aspects, et of-
frent une multitude de considérations qu'il n'appartient
qu'aux esprits étendus de saisir, on sent qu'après le plus
sérieux examen, des hommes, même d'un mérite distingué, peuvent avoir des avis divers (1), et on doit
avoir la conviction que les grandes questions si contro-
versées, à la dernière session des chambres, l'ont été de
la meilleure foi du monde. N'est-ce pas fouler aux pieds
la liberté des opinions que de crier, pour la moindre
contradiction, à la corruption ou même à l'esprit de
parti? Quand tous les législateurs auront-ils la modestie
réservée de Franklin!.... Je crois devoir mettre ici sous
les yeux du lecteur le discours qu'il adressa à ses collègues
de la Convention, qui venait d'achever le projet de constitution de la confédération américaine :

« Nous avons passé beaucoup de temps ensemble. Nous
« avons discuté chaque objection qu'il était possible de
« prévoir. Avec tant d'intérêts si différens et si opposés,
« il était impossible que chacun obtînt tout ce qu'il dési-
« rait. Nous nous sommes assemblés avec l'intention de
« faire des sacrifices mutuels pour le bien général, et
« nous sommes enfin venus à bout de nous concerter et
« d'établir des bases. On ne gagnerait rien à temporiser,

---

(1) Rousseau et Mably, consultés sur la constitution de la Pologne, étaient, on n'en peut douter, de la plus grande bonne
foi, et ils se trouvèrent, après y avoir bien réfléchi, penser dif-
féremment sur les deux articles les plus intéressans : l'hérédité
de la couronne et les confédérations.

« et il est important d'adopter un plan. *J'avoue que celui-*
« *ci ne cadre pas en tout avec mon opinion ; mais je vis*
« *depuis assez long-temps pour avoir appris, par expé-*
« *rience, que nous ne devons pas trop compter sur nos*
« *propres jug-mens. J'ai souvent reconnu que je m'étais*
« *trompé dans les idées auxquelles je tenais le plus. Dans*
« *la présente conjoncture, je me suis départi, après une*
« *mûre réflexion, de plusieurs points en faveur desquels*
« *je me croyois d'abord invariablement décidé. Cela me*
« *rend moins opiniâtre pour le reste. Je puis m'être trompé.*
« Le principe général qui a présidé à nos délibérations,
« fait maintenant ma règle. Je le répète, il est certains
« articles auxquels je suis contraire, et j'ai déjà fait con-
« naître mes doutes ; mais je déclare que hors de ces murs
« personne ne m'en entendra parler. D'ailleurs je pense....
« je me flatte qu'aucuns ne refuseront de signer. S'ils re-
« fusaient, ils me rappelleraient l'histoire de cette jeune
« française, qui, querellant sans cesse avec tout le monde,
« et trouvant à redire à tout, observa un jour à sa sœur
« qu'elle était étonnée de n'avoir encore trouvé qu'elle
« seule qui n'eût jamais tort. » *(Recherches sur les Etats-*
Unis d'Amérique, supplément, VIe partie, pag. 357.)

Puissent, je le répète, tous les législateurs ; puissent
aussi tous les journalistes, avoir cette modération ! Que
l'on considère que c'est Franklin qui parle ainsi ! Que
l'on compare cette froideur, cette sagesse, à notre effer-
vescence, et, indépendamment des autres raisons, que
l'on dise si nous sommes faits pour avoir le même gouvernement que les Américains.

(*h*) Cette opinion, fille de la souveraineté du peuple,
est susceptible des mêmes engouemens, des mêmes séductions, des mêmes entraînemens que la multitude

assemblée; elle a la vitesse du fluide électrique; elle se propage dans un clin-d'œil à de grandes distances; elle conduit aux réunions tumultueuses; elle porte les têtes ardentes, peu susceptibles de réflexion, à des attentats qui déconcertent la politique et causent à l'humanité des plaies souvent bien difficiles à guérir.

(*i*) L'auteur du *Contrat social*, tous les publicistes conviennent que, par la nature des choses, les peuples ont besoin d'un législateur, et des hommes qu'il serait difficile de bien qualifier, refusent au Roi le droit de l'être. Ils traitent d'imposée une charte par laquelle il ne s'est réservé de droits que celui de faire le bien, une charte vantée par Montesquieu, tous les publicistes, par Voltaire lui-même (1), comme le chef-d'œuvre de la politique humaine. Rêveurs fanatiques! comment ne voyez-vous pas que la doctrine absurde qui vous égare, implique contradiction dans les termes; que le peuple qui n'a plus de gouvernement, cessant d'être un peuple, ne diffère en rien d'une peuplade de sauvages; que sa prétendue souveraineté n'est autre chose que la faculté funeste de se dissoudre, l'impossibilité d'établir un gouvernement qui puisse se faire obéir, l'anarchie décorée d'un nom imposant, et conséquemment la conception la plus monstrueusement dangereuse qui soit entrée dans l'esprit humain : non pas qu'elle puisse jamais se réaliser. L'assemblée de tous les individus formant un peuple, et composée de manière à ne donner lieu à aucune critique, serait un phénomène moral qui n'a jamais existé et qui n'existera jamais; mais la propriété est le pivot sur lequel tourne la

---

(1) Questions sur l'Encyclopédie, au mot *Gouvernement*. Il serait surabondant de faire observer que notre charte est en grande partie une imitation de la constitution anglaise.

machine sociale, et cette prétendue souveraineté n'en est
pas moins un cri d'extermination contre les gardiens de
la propriété, un cri de guerre propre à soulever tous
ceux qui n'ont rien contre ceux qui possèdent. Malheureusement les ambitieux de toutes les couleurs n'ont que
trop de moyens de faire illusion et de déchaîner le mons-
tre qui menace de nous dévorer. Dieu seul peut nous
sauver en rendant l'esprit de religion plus fort que la
cupidité, qui de son côté croît en raison du progrès des
arts. Il doit, sans doute, résulter de ces dispositions cu-
pides, une grande augmentation de richesses ; mais, si
vous ne renforcez en proportion tous les appuis de la
vertu, craignez que l'accumulation de ces richesses dans
les mêmes mains n'augmente trop le nombre des prolétaires. Vous les contraindrez, dites-vous, j'aime à le
croire ; mais gare toutefois les dissentions, les troubles
civils ! Apprenez plutôt au peuple qu'il est le premier intéressé à respecter la vertu dans les descendans de l'homme
bienfaisant, en lui montrant que c'est le seul moyen qu'il
ait de donner à celui-ci des imitateurs. La considération
héréditaire, les mœurs, l'opinion dirigées vers ce but,
sont peut-être le ressort le plus puissant d'une sage éco-
nomie politique. Il faut qu'on ait le désir de devenir riche
pour être à même d'être bienfaisant, d'établir des ateliers
de charité utiles au plus grand nombre..... D'un autre
côté, je dirai : O grands ! honorez-vous vous-mêmes ;
gardez-vous de renouveler les mœurs du temps de la
régence, le manque de respect du peuple serait votre
propre ouvrage !

(4) Comment se fait-il que la fausse doctrine du bonheur parfait, ait survécu à l'épouvantable tempête qu'elle
avait excitée. Que d'hommes de lettres se sont profondé-

ment repentis de l'avoir propagée! Que de victimes ont amèrement gémi de l'avoir professée! Si nous pouvions interroger les mânes des malheureux qui ont été décapités, fusillés, mitraillés, noyés sur tous les points de la France, combien de voix plaintives nous diraient : J'ai eu l'imprudence de souffler moi – même le feu qui m'a consumé..... J'ai sous les yeux les rétractations de deux personnages assez distingués, que je ne ferai sûrement que rappeler ici au lecteur.

Le professeur de droit public Delacroix avait eu la simplicité de croire la monarchie compatible avec la souveraineté du peuple; mais quand il eut vu des attentats multipliés, inouïs, commandés par d'hypocrites zélateurs, au nom de la douce humanité, qu'il eut vu son Roi captif et la république proclamée, alors, déplorant son erreur, il s'écria avec amertume : « Hélas ! est–ce dans ce mo-
« ment que la voix paisible de la raison peut se faire en-
« tendre; elle est étouffée par les cris de la guerre, par les
« fureurs de la sédition; toutes les passions s'agitent,
« toutes les vengeances se soulèvent; tous les excès nous
« menacent : quelle terrible crise pour un peuple que
« celle d'une révolution! Il défriche à grands frais, il
« lutte contre tous les obstacles; à peine a-t-il ensemencé
« ses terres que des invasions, des débordemens lui font
« craindre de perdre en un instant le fruit de ses sueurs
« et de ses avances...... Dans le moment où j'écris, je
« vois le ciel de la république se charger de nuages; déjà
« les éclairs sillonnent de toutes parts, la foudre gronde
« et nos législateurs sentent leurs sièges s'ébranler.....
« D'autres écrivains achèveront cette histoire (de quelques
« effets de la révolution), je termine à une époque où il
« n'y a plus de monarchie, où il n'existe pas encore de
« véritable république, où l'on nous a présenté une cons-

« titution dont personne ne veut, où l'on nous en promet
« une autre qui ne sera peut-être pas mieux accueillie.

« Pauvres humains ! que de tourmens vous vous don-
« nez pour concilier les règles de la justice avec les droits
« de la nature ! Vous apprendrez un jour qu'il est plus
« aisé de critiquer les gouvernemens des autres, que de
« s'en créer un à soi-même ; qu'en démolissant avec im-
« prévoyance l'édifice où l'on était à couvert, on court le
« risque de demeurer long-temps exposé aux injures de
« l'air ».

Madame Rolland, nourrie de l'histoire des beaux jours
de Rome et de la Grèce, avait, dès ses jeunes années, senti
l'enthousiasme de la liberté. La révolution l'éleva d'une
condition médiocre à un poste éminent ; mais voyez cette in-
fortunée devenue l'objet de la plus atroce injustice, ayant
devant les yeux le spectacle d'une patrie qui lui était
chère, en proie à la plus dévorante anarchie ; voyez-la
marchant à l'échafaud, et entendez-la, passant près de
la statue de la liberté, prononcer avec l'accent du plus
affreux désespoir : *O liberté*, *que de crimes on commet
en ton nom !...* On voit au reste dans maints endroits de
ses Mémoires combien elle était désenchantée des vaines
théories.

(*l*) On rencontre fréquemment des propriétaires qui
haussent les épaules lorsqu'on leur parle de royauté légitime. Ils croyent avoir bien prouvé leur thèse, lorsqu'ils ont dit que les hommes naissent égaux, et que la
nature n'a fait ni Rois, ni bergers, comme si la nature
avait annexé à leur être leurs châteaux et leurs terres,
ou eût inscrit leur propriété sur leur front ! Nous ne saurions trop le répéter, pour ébranler la propriété, il n'est
pas besoin d'une loi aussi expresse que le décret de Solon

qui abolissait les dettes , ou celui de Lycurgue , divisant
la Laconie en trente mille parts ; il ne suffit que trop des
guerres civiles, de la tyrannie, des factions qui sont
l'apanage presque nécessaire de la souveraineté de tous.
La propriété, toujours suspecte de l'opinion proscrite,
appelle les poignards, conduit à l'échafaud.

(*m*) « Plusieurs peuples adorent leurs Rois, dit Ber-
« nardin de Saint-Pierre : il n'en est point qui, pour rendre
« plus chers aux hommes ces dispensateurs augustes de
« leur bonheur, n'ayent fait intervenir quelque divinité,
« pour consacrer leur origine ».

Si plus une dynastie est ancienne, plus elle est propre
à inspirer le respect et à assurer l'ordre public, combien
n'avons-nous pas à nous féliciter de n'avoir rien à envier
à cet égard à aucun pays du monde. Que de vœux ne
devons-nous pas adresser au ciel, pour qu'il nous con-
serve une maison à jamais illustre, si riche en beaux
souvenirs, et seule propre à fixer nos esprits inquiets,
en donnant assez de base à la légitimité pour nous empêcher de nous jeter dans des écarts funestes... Combien
de peuples pour éteindre la guerre civile qui les dévorait,
ont été obligés de rechercher péniblement, et dans les
angoisses de la mort, un rejeton de leurs Rois pour le
placer sur le trône. La Pologne en offre plusieurs exemples. Je vais en mettre un sous les yeux du lecteur :
Mieclas venait de mourir laissant une veuve et un fils en
bas âge ; les grands profitent de cette conjoncture et se
disputent la couronne ; ils ont même l'impolitique de
mêler les peuples voisins dans leurs dissentions. La Reine
fut obligée de s'exiler avec son fils. Depuis bien des années les Polonais étaient en proie à ces affreux ravages.
L'avenir ne leur présentait qu'une perspective de trou-

bles interminables, lorsque Dieu leur inspira la pensée
de rechercher le fils de leur Roi. Il s'était refugié dans le
sein de la religion; ils le trouvèrent parmi les moines
de Clugny et dans les liens du diaconat : ils le supplièrent
de prendre pitié d'eux et de mettre un terme à leurs
maux. Ils furent obligés de recourir à Benoît ix pour re-
lever le prince de ses vœux, et se soumirent à toutes les
conditions qu'il plut au pape de leur imposer. Casimir
monta sur le trône, ramena le calme dans ses Etats, et
régna avec gloire. Il donna une nouvelle preuve qu'un
prince zélé pour sa religion n'en est que plus propre à
gouverner avec sagesse.

(n) Ce que la loi de Servius pouvait avoir de contraire
à la morale, fut corrigé à Rome par la censure. Cette
institution n'est pas, je veux bien le croire, appli-
cable à la monarchie, mais il faut que l'opinion publique, bien dirigée, en tienne lieu; et il faut, pour
cela, que cette opinion ne soit pas faussée par une mauvaise législation. Elle remplissait cet objet en France,
avant la révolution, parce que l'or n'était pas tout alors,
et que la vertu n'y était pas avilie. Si l'or est tout, si
Plutus est le seul Dieu qui ait des autels, le magistrat
vendra la justice; les conseillers du prince le trahiront
pour avoir de l'or, et notre siècle qu'on appelle *le siècle
des lumières*, sera, à bien plus juste titre, appelé *le siècle
du crime*. Comment, enfin, veut-on que la vertu lutte
contre l'or, si la vertu n'a rien d'héréditaire, tandis que
ce métal a l'avantage de tous les genres de transmissi-
bilité. Comment veut-on que le père de famille, dans
des temps difficiles, alimente les marchés et y tienne la
denrée de première nécessité à un prix modéré; qu'il
institue, qu'il dote des maisons de bienfaisance, s'il n'en

doit résulter aucune considération pour ses enfans, tandis que l'or, qu'il peut leur laisser, doit infailliblement leur assurer et des honneurs et des hommages. La tendresse paternelle ne le portera-t-elle pas même trop naturellement à arracher son grabat, au malheureux auquel il prête un écu pour avoir du pain. Il est donc nécessaire que la considération héréditaire ne soit pas un vain nom. Les Français sont égaux devant la loi, porte l'art. 1er de la charte; mais par l'art. 71 la noblesse est maintenue, le Roi fait des nobles à volonté et leur accorde des rangs et des honneurs. Il faut bien, quoi qu'on fasse, qu'il y ait une hiérarchie dans la société; il faut que l'égalité soit entendue de manière qu'il y ait diversité de rangs; ainsi le veut la charte, ainsi le veut la raison éternelle. Ne luttons point contre la nature des choses. En établissant deux degrés d'élection, serait-ce créer un privilége qui serait odieux au peuple, que de lui donner la faculté de choisir une faible quotité des électeurs parmi les magistrats (1), et parmi les nobles anciens et modernes, sans soumettre ceux-ci à d'autre condition qu'à celle d'avoir servi l'Etat dans les armées, l'administration ou les tribunaux (2). Il en résulterait,

____

(1) Encore une fois, une des premières bases de l'ordre public est le respect pour l'autorité. Lorsqu'il plut à Charlemagne de donner entrée au peuple dans les assemblées du Champ de Mai, il y fut représenté par les scabins ou rachimbourgs, qui étaient des assesseurs des juges.

(2) Le système qui donne tout à la naissance, ne peut manquer d'avoir les conséquences les plus funestes, sur-tout si les peuples voisins ont le bon esprit d'user d'une politique plus sage. Il éteint l'émulation, les uns n'ayant nul besoin de valoir par eux-mêmes pour parvenir, les autres ne pouvant le faire de quelque mérite qu'ils soient doués. Il en résulte qu'il livre le commandement des armées, la direction des affaires à des hommes assez souvent incapables; mais la maxime contraire qui érige l'or en divinité,

entre les diverses conditions de la société, une habitude d'égards réciproques, une disposition à l'union, à la bonne intelligence qui est infiniment désirable : cela na-

---

et qui avilit par suite la vertu, est mille fois plus dangereuse encore : elle pervertit les mœurs des peuples : bientôt ils ne fléchissent plus le genou que devant le métal corrupteur ; elle les conduit nécessairement à une dépravation qui oblige de les punir la Providence, qui trouvera toujours, quoi qu'ils fassent, les moyens de les châtier. A le bien prendre, il ne peut, en dernière analyse, exister de révolution heureuse, pour une nation, que dans la régénération de ses mœurs. L'homme qui nous a fait tant de mal, sentant qu'il avait besoin de flagorner le peuple, lui présentait, dans ses dernières proclamations, la noblesse comme une institution purement féodale ; c'était une imposture révoltante, mille fois contredite par sa conduite. Le tendre intérêt que l'on ressent pour les descendans d'un grand homme, n'est-il donc pas inspiré par la nature à tous les cœurs bien placés ! Ne sauronsnous jamais éviter Charybde sans tomber dans Sylla ! Montaigne dit, en parlant de la noblesse : « On proposait à l'un de nos Rois « le choix de deux compétiteurs en une même charge, desquels « l'un était gentilhomme, l'autre ne l'était pas ; il ordonna que, « sans respect de cette qualité, on choisirait celui qui aurait le « plus de mérite, mais où la valeur serait entièrement pareille, « que l'on eût respect à la noblesse. C'était justement (dit le « périgourdin) lui donner son rang. » (Livre III, chap. 5.)

Hélas ! je le sens bien, mes principes me mettent en butte aux traits de tous les partis ; mais je les conjure, au nom du salut de la France, de s'unir dans des sentimens de modération qui ne sont autres, en effet, que ceux de la raison éternelle. La raison ! elle seule nous fera concevoir également à tous que la légitimité est notre ancre de salut, notre arche d'alliance, le seul sanctuaire où nous puissions invoquer Dieu qui préside à nos destinées. La raison ! « elle a un empire naturel ; elle a même un empire tyrannique : « on lui résiste, mais cette résistance est son triomphe ; encore « un peu de temps, et l'on sera forcé de revenir à elle. » (*Esprit des Lois*, *liv.* XXVIII, *chap.* 38.)

turaliserait en partie parmi nous l'ancien patronage des Romains. Il faudrait toucher à la charte, direz-vous ; mais le Roi et les chambres peuvent le faire. Un système électoral trop simple peut-il se plier à tout ce que semble exiger notre civilisation, un état social aussi compliqué que le nôtre ?

FIN.

SAINT-MALO, IMPRIMERIE DE L. VALAIS, IMPRIMEUR DU ROI.